PARANÁ COOPERATIVO

Modelo Econômico e Social

Benê Cavechini

METALIVROS
São Paulo, 2021

CRÉDITOS EDITORIAIS

Direção Editorial e Gráfica
Ronaldo Graça Couto

Supervisão
Samuel Zanello Milléo Filho

Texto
Benê Cavechini

Pesquisa
Allen Dupré
Edison Lemos
Eloy Setti
Maria Celeste Fernandez Corrêa
Mayra Chagas
Moacir de Souza José
Rogério Recco
Solange Riuzim

Direção de Arte e Diagramação
Katia Harumi Terasaki

Gerência Editorial e Gráfica
Bianka Tomie Ortega

Revisão de Texto
Pedro Adão Ruiz (Across the Universe Communications)

Secretaria Administrativa
Roberta Vieira

Impressão e Acabamento
Pancrom Indústria Gráfica, São Paulo

Foto da página 2
Sede da Ocepar, bairro do Centro Cívico, Curitiba, 2021

PARANÁ COOPERATIVO

Modelo Econômico e Social

Sistema Ocepar
Ocepar
Sescoop
Fecoopar

APOIO

OURO

coamo

cocamar
Cooperado e cooperativa crescem juntos

Copacol

Frimesa

OCB
Organização das Cooperativas Brasileiras

Sistema Ocepar
FECOOPAR - OCEPAR - SESCOOP/PR

SICOOB CREDICITRUS
Cooperativa de Crédito

Uniprime
cooperativa de crédito

PRATA

Bom Jesus
Cooperativa Agroindustrial

CRESOL

Sociedade Nacional de Agricultura
Inteligência em Agronegócio desde 1897

SUMÁRIO

APRESENTAÇÃO
A IMPORTÂNCIA ECONÔMICA E SOCIAL DAS COOPERATIVAS

Se hoje o cooperativismo paranaense existe e é significativo tanto econômica como socialmente, isso se deve ao trabalho realizado por milhares de homens e mulheres pioneiros que ajudaram a construir um sistema sólido e duradouro. Um movimento organizado que já comprovou a importância para o desenvolvimento de pessoas e comunidades.

Desde a fundação, em abril de 1971, a Ocepar exerce duas grandes funções. A primeira é organizar as pessoas, os cooperados, razão maior da existência das cooperativas. Somar forças, articular, estruturar o mercado, planejar ações. Na sequência, vem a defesa dos interesses das cooperativas, que também é fundamental.

Se hoje somos um modelo de organização, é porque as diversas lideranças que dirigiram a entidade souberam atuar ante os poderes Legislativo, Executivo e Judiciário, por meio de um trabalho proativo, em ação conjunta com outras entidades representativas em prol das demandas do setor.

Nada disso seria possível não fosse o altruísmo de muitas pessoas, como os ex-presidentes da entidade Guntolf van Kaick, Benjamin Hammerschmidt, Wilson Thiesen, Ignácio Aloysio Donel, Dick Carlos de Geus e João Paulo Koslovski, além de tantos outros dirigentes que dedicaram boa parte da vida ao cooperativismo.

Esse legado somente aumenta nossa responsabilidade em conduzir esta organização no rumo traçado pelos pioneiros, que é organizar economicamente as pessoas para que tenham mais renda e conquistem uma condição social melhor, sem precisar depender de ninguém. E isso é possível por meio da cooperação.

Todos aqueles que fazem da cooperação um meio de vida e colaboram nas transformações trazidas pelo cooperativismo, viabilização dos negócios, melhoria da qualidade de vida, inserção sociocultural das famílias, formação e educação e, principalmente, justiça social, com forte distribuição de renda, estão contribuindo para um mundo melhor.

Nós, paranaenses, podemos comemorar essas cinco décadas com muito orgulho, afinal, o cooperativismo apresentou avanços altamente expressivos nos últimos anos, como relatado neste livro. Tudo graças a muito planejamento, desde a criação da entidade. Sistematicamente, no decorrer de sua trajetória, a Ocepar estabeleceu um plano estratégico de atuação. Em 1995, esse projeto foi batizado de Plano Paraná Cooperativo, que teve sequência no ano 2000 e o último em 2015, com a meta arrojada de dobrar o faturamento de R$ 50 bilhões para R$ 100 bilhões. Em 2020, não só alcançamos o planejado, como ultrapassamos a meta, com movimentação econômica de R$ 115,7 bilhões. Neste momento em que celebramos os cinquenta anos da Ocepar, estamos lançando o Plano Paraná Cooperativo 200 (PRC200), que também pretende dobrar o atual faturamento sobre bases sólidas para que as associadas não só avancem mas cresçam de forma sustentável.

Nossas cooperativas atuam em sete diferentes setores da economia: crédito, saúde, agropecuária, infraestrutura, transporte, consumo além de trabalho, produção de bens e serviços, proporcionando melhores condições de vida a mais de 3,5 milhões de paranaenses que dependem das ações da cooperação no Estado.

Ao longo dos anos, o sistema cooperativista paranaense tem se mostrado forte o suficiente para superar as mais diferentes crises. Um exemplo é o desempenho das cooperativas em 2020, ano em que o mundo se abateu com uma das piores crises sanitárias mundiais, a pandemia da Covid-19. Todas cumpriram de forma exemplar as orientações das autoridades de saúde no enfrentamento do coronavírus. E, no entanto, conseguiram manter os postos de trabalho e, ao mesmo tempo, aumentar as oportunidades de uma vida melhor para milhares de pessoas, mostrando a resiliência do sistema em se adaptar às adversidades.

A pandemia evidenciou a importância das cooperativas neste momento difícil. As atividades que realizamos são essenciais, a exemplo da produção de alimentos, prestação de serviços de saúde, crédito, transporte, entre outros. Não houve, durante a pandemia, desabastecimento, porque o setor produtivo e de serviços continuaram trabalhando. Ficou claro, neste momento desafiador, que a sociedade passou a enxergar a verdadeira relevância do sistema cooperativista organizado no Paraná, não apenas pelos resultados econômicos, mas pelo compromisso de promover o desenvolvimento das comunidades onde estão inseridas.

Se há uma palavra que todos aprenderam na pandemia é "cooperar", a saída para todas as dificuldades. Aliás, cooperar deveria ser um verbo conjugado no dia a dia. Assim, certamente, teríamos crianças e jovens mais preparados não somente para o cooperativismo, mas para a sociedade. Cidadãos formados pela cooperação, que podem desempenhar as atividades com uma visão diferente, mais humana, solidária e cooperativa.

Vamos aproveitar esta oportunidade de comemorações para deixar registrada nesta obra a história da construção da Ocepar. Também é uma forma de agradecer aos mais de 2,5 milhões de cooperativistas, dirigentes, funcionários e familiares que integram o sistema no Paraná, pelo trabalho que realizam em benefício dos paranaenses e dos brasileiros.

Sabemos que desafios existem, e o principal deles é continuar ampliando a percepção da sociedade e dos governantes sobre a prática da cooperação como instrumento pleno de democracia, distribuição de renda, valorização das pessoas e viabilização dos negócios de significativa parcela da sociedade.

Vamos em frente, planejando, profissionalizando, acreditando e somando, esse é o caminho. Todos que participaram ou ainda participam da construção da Ocepar nestes cinquenta anos de história podem orgulhar-se disso, porque foi plantada uma semente que germinou, cresceu e não para de frutificar.

José Roberto Ricken
Presidente do Sistema Ocepar

PREFÁCIO

O cooperativismo no Estado do Paraná tem sido um modelo para todo o Brasil e até para o exterior. Com o comportamento das lideranças permanentemente afinado com a doutrina, as cooperativas vêm experimentando, ano após ano, crescimento sustentado, tanto no faturamento quanto na prestação de serviços aos associados, e – cumprindo o sétimo e último dos princípios universais que regem o cooperativismo: a "Preocupação com as comunidades onde está inserido" – contribuindo com o poder público no apoio a setores sensíveis como educação e saúde.

Agindo de forma integrada sob orientação da Ocepar, uma organização estadual altamente profissionalizada e democrática, as cooperativas paranaenses praticam com competência inclusive o princípio mais complexo que é a intercooperação, associando-se a negócios nos quais umas sejam mais vocacionadas que as outras.

Com participação crescente na economia, as cooperativas se vão colocando competitivamente no concorrido mercado global, com produtos de valor agregado de qualidade reconhecida. Entre 2015 e 2020, o faturamento das cooperativas do Paraná passou de R$ 50 bilhões para 115,7 bilhões, ou seja, crescimento de 131% em seis anos. O ramo agropecuário, favorecido por safras grandes de grãos e preços acima da média histórica, teve elevação de 37,8% no último ano, seguido de crédito (6,80%) e saúde (6,10%). Esses avanços notáveis são fruto de uma árdua caminhada que desde o início foi pautada por visão estratégica no longo prazo, planejamento, investimentos e gestão profissional.

Mas talvez três pontos sejam superlativos nessa história de sucesso de muitas décadas. Dois deles se devem a dispositivos aprovados na Constituição Federal de 1988. Até a promulgação da Carta Magna, uma cooperativa, para ser instalada, precisava de uma absurda Autorização de Funcionamento (AF) do governo federal. Absurda porque isso só era exigido de cooperativas: qualquer outra empresa agrícola, industrial ou de serviços podia ser criada sem nenhum impedimento legal. Mas, quando um grupo de pessoas quisesse montar uma cooperativa, precisava pedir uma AF. E, para obtê-la, tinha de informar ao governo (em 1988 era ao Incra) uma série de dados e fornecer documentos como estatuto social, contendo os objetivos da cooperativa, área de ação, valor da cota-parte, capital mínimo, e até mesmo provar a viabilidade econômica, entre outras exigências. Mais ainda: tinha de incluir a lista de diretores e conselheiros para aprovação!

Anualmente, os balanços eram enviados ao Incra para exame e avaliação de resultados. Constatada alguma irregularidade, o órgão poderia intervir na administração, demitir toda a direção e assumir a gestão. Era um poder arbitrário incompatível com a modernização do país. Desde 1983, as cooperativas do Paraná se opunham a essa exigência por meio do projeto piloto de autofiscalização, cujos resultados embasaram as propostas levadas à Constituinte.

Respaldada na experiência no Paraná, a OCB coordenou um amplo trabalho de consulta às bases em todo o país previamente às eleições de 1986 para a Assembleia Nacional Constituinte (ANC), definindo cinco temas que o cooperativismo desejava inserir na futura Constituição. Para implantar o projeto, a entidade ofereceu apoio em forma de votos a candidatos à ANC que firmassem compromisso de defender os cinco pontos. Com tal esforço, foram eleitos 41 deputados federais, que, depois de empossados, foram recebidos pela OCB e compuseram uma Frente Parlamentar do Cooperativismo, suprapartidária, para lutar pelos pontos propostos. Instados a ampliar a Frente, eles se mobilizaram e, em menos de três meses, cerca de 217 parlamentares já estavam comprometidos com o projeto da OCB.

O trabalho que se seguiu foi absolutamente notável. Semanalmente líderes de todos os Estados percorriam os gabinetes dos constituintes, sempre acompanhados pela ativa Assessoria Parlamentar da OCB; e, sem alarde, foram de fato firmados na Constituição Cidadã (assim a chamou seu grande condutor, o deputado Ulysses Guimarães) quatro dos temas demandados.

O primeiro e mais importante foi o inciso XVIII do artigo 5° da Carta Magna (que trata dos Direitos e Deveres Individuais e Coletivos), que estabelece: "[...] a criação de cooperativas independe de autorização, sendo vedada a interferência estatal em seu funcionamento".

Foi o fim da AF e da intervenção abusiva, trazendo autonomia ao movimento cooperativista brasileiro em relação ao Estado. Sem dúvida um ponto de inflexão no cooperativismo, que pode ser analisado pela ótica de "antes e depois de 1988". Mas, como sempre acontece quando a liberdade é oferecida a algum setor, foi uma enorme responsabilidade que o Sistema OCB assumiu, no que se chamou de "autogestão", isto é, caberia à própria OCB definir regras de funcionamento das cooperativas e fiscalizar-lhes o cumprimento, inclusive punindo desvios de conduta. O movimento precisava amadurecer.

Esse trabalho teve inspiração nas cooperativas do Paraná, e aqui poderiam ser citadas pelo menos duas dúzias de grandes lideranças do Estado que contribuíram muito com os resultados. Mas devem-se ressaltar quatro luminares cujo papel foi fundamental: Guntolf Van Kaick, presidente da Ocepar e vice-presidente da OCB; Benjamin Hammerschmidt, superintendente da OCB; José Roberto Ricken, membro da assessoria técnica da Instituição e atual presidente da Ocepar; e João Paulo Koslovski, diretor executivo da Ocepar. O quarteto foi o motor das discussões que culminaram na autogestão. Como então presidente da OCB, tive a honra, e muito me orgulho disso, de estar na coordenação do avanço conquistado pelo cooperativismo brasileiro na Constituição de 1988.

Outro artigo, de número 192, que dispõe sobre a organização do Sistema Financeiro Nacional (SFN), no inciso VIII, estabeleceu que a lei disporia do "[...] funcionamento das cooperativas de crédito e os requisitos para que possam ter condições de operacionalidade e estruturação próprias das instituições financeiras". Este item acabou com as proibições que o Banco Central até então impunha ao cooperativismo de crédito, conhecidos como "não podes". A partir de 1988, as cooperativas de crédito cresceram em todo o país e montaram os atuais bancos cooperativos. No Paraná, contaram com a liderança de Ignácio Donel na presidência da Ocepar e da Central de Crédito.

Esses dois pontos consagrados na Constituição foram o sinal para que as cooperativas brasileiras em geral e as paranaenses em particular se desligassem da tutela do Estado e "voassem" para o futuro, que já chegou.

Alguns anos mais tarde, a OCB conseguiu criar o Sescoop, o "S" do movimento cooperativo, que lhe permitiu e às organizações estaduais o investimento em formação, qualificação e treinamento de lideranças cooperativistas, funcionários e até associados. Mais uma vez, o Paraná saiu na frente, tanto na proposta levada ao governo, elaborada com base na experiência do Estado, quanto no monitoramento do desenvolvimento das cooperativas e formação de milhares de gestores que, com competência, têm sabido aproveitar as oportunidades que o mercado oferecia, alcançando os resultados que se consolidam nos espetaculares números de 2020.

Este livro conta boa parte da bela história que tive a honra e o prazer de acompanhar de perto, assistindo ao esforço coordenado da Ocepar para o desenvolvimento do modelar sistema cooperativista paranaense.

Roberto Rodrigues

NOTA DO EDITOR
UM RETRATO DO PARANÁ COOPERATIVO

Para celebrar os cinquenta anos da criação da Ocepar, a Metalivros e o jornalista Benê Cavechini elaboraram uma proposta editorial para retratar o significado do universo cooperativo do Paraná de forma sintética e atraente, desenhando um panorama multifacetado inédito sobre esse modelo de empreendedorismo do ponto de vista econômico e social.

Para alcançar tal objetivo, uma equipe de nove jornalistas trabalhou durante dez meses para redigir esta obra, que pretende servir como referência ilustrada de um pouco do passado e muito do presente do arcabouço cooperativo regido pela Ocepar. Esse sistema é um bom exemplo brasileiro do sucesso das cooperativas como mecanismo de distribuição de renda e diminuição da desigualdade social.

A obra contém mais de 150 ilustrações, compostas por fotos históricas e atuais cedidas por cooperativas e centros culturais. Esses registros foram complementados com fotografias feitas especialmente por Zig Koch, além das contribuições de seu acervo Natureza Brasileira e também da Pulsar Imagens.

O capítulo inicial trata do surgimento e evolução do cooperativismo no mundo, desde a primeira associação criada para esse fim na Inglaterra em 1844. No Brasil, são relembradas as negociações que levaram à constituição da Organização das Cooperativas Brasileiras (OCB) em 1969. Analisa-se também a classificação atual dos sete ramos de atuação das cooperativas no Brasil: Agropecuário, Crédito, Saúde, Transporte, Infraestrutura, Trabalho, Produção de Bens e Serviços e Consumo.

O segundo capítulo registra o esforço realizado pelas lideranças para estabelecer uma organização estadual no Paraná, desde os primeiros encontros até a criação da Ocepar em 1971. Relata os principais avanços nos últimos cinquenta anos para aperfeiçoar os mecanismos de supervisão e controle, como a autogestão, bem como a construção do Sistema Ocepar. E traz à memória a galeria dos ex-presidentes com os fatos marcantes de cada administração.

O terceiro capítulo foi pensado para realçar o papel pioneiro dos imigrantes no século XX na construção do cooperativismo no Paraná. Os dados e a documentação fotográfica recuperam a herança que permanece na cultura, dança, moda, culinária, arquitetura. São mostradas contribuições trazidas pelos povos de origem holandesa, eslavo-germânica (suábios e menonitas), japonesa e ucraniana.

No quarto capítulo, discorre-se sobre a força econômica das cooperativas paranaenses, apresentando os principais segmentos. Atualmente o setor responde por 62% do PIB Agropecuário do Estado. O Porto de Paranaguá, por exemplo, é um dos maiores do país e é movimentado principalmente pelas exportações agropecuárias. Além disso, retratam-se as novas formas de integração entre as cooperativas, que vêm aderindo a projetos específicos para otimizar as estruturas e lançar novas formas de comercialização.

A atuação das cooperativas de crédito é apresentada no quinto capítulo, por meio de uma síntese bem estruturada do ramo que vem tendo forte crescimento nos últimos anos. Em todo o país, são 873 cooperativas singulares, que atendem a 2,8 mil municípios. No Paraná, as 56 cooperativas de crédito já financiam 17% da comercialização de produtos agrícolas.

O sexto capítulo é dedicado à sustentabilidade. Nos últimos vinte anos, as cooperativas paranaenses aceleraram os projetos para adaptar os sistemas produtivos às novas exigências da gestão ambiental. São muitos os exemplos de cultivo sustentável, reposição florestal, recuperação de nascentes, reciclagem de resíduos e novas formas de energia renovável, baseadas em placas solares fotovoltaicas e biodigestores.

O sétimo e último capítulo abre o foco para os benefícios sociais das cooperativas, por meio dos programas de distribuição de renda com as *sobras*, e dos programas de formação de mão de obra e assistência a cooperados e comunidades. A palavra *cooperar* é aplicada no sentido coletivo, tanto para melhorar as condições de vida dos associados como de toda a comunidade onde as cooperativas se inserem.

Na última parte do livro, apresenta-se a relação completa e atualizada das cooperativas no Paraná, numa classificação dividida por categorias.

A síntese deste livro é uma tentativa de reunir os principais fatos que marcaram a formação das cooperativas do Paraná desde o século XX. Mas não apenas isso. Também registra o esforço de muita gente que lutou para manter vivos os ideais de equidade e solidariedade que nortearam o setor, desde os primeiros passos do cooperativismo no mundo.

Nesta obra, citam-se diversas fontes relevantes não apenas relacionadas às organizações que generosamente compartilharam os custos desta iniciativa, mas também de muitas outras que contribuíram com informações ou imagens importantes para alimentar a narrativa proposta em cada capítulo.

Somos gratos a todos.

Ronaldo Graça Couto
Metalivros

Malta
Brazil

UM SÉCULO E MEIO DE HISTÓRIA

O cooperativismo que hoje se pratica no mundo, como modelo de negócio com regras bem definidas, surgiu na Inglaterra em meados do século XIX. Foi uma reação aos efeitos negativos da Primeira Revolução Industrial, iniciada em 1769, quando James Watt aperfeiçoou a máquina a vapor criada por Thomas Newcomen, tornando-a menor e mais eficiente. Com isso, a indústria têxtil e as importadoras e processadoras de chá puderam começar a mecanizar a produção.

Embora tenha gerado prosperidade para os empresários, a inovação teve consequências nefastas sobre a maioria dos empregados. Uma parte tornou-se desnecessária e ficou sem colocação. O restante teve de sujeitar-se às novas condições de trabalho, adaptando-se às máquinas e passando a executar tarefas repetitivas durante catorze a dezesseis horas diárias, com poucos intervalos e descanso apenas aos domingos. A isso se somavam salários baixos, falta de higiene nas fábricas e nenhum direito trabalhista. Até crianças eram submetidas a esse regime.

Como o sindicalismo começava a ganhar expressão na época, em resposta às condições de trabalho que já eram ruins e ficaram piores, o surgimento do cooperativismo chamou pouca atenção, tanto que é quase totalmente ignorado

Na prefeitura de Rochdale, galeria de vitrais em homenagem aos parceiros econômicos da Grã-Bretanha. No centro, o brasão do Brasil no segundo Império, ladeado pelos brasões de Malta e Belfast

nos livros de história econômica. No entanto, silenciosamente, conquistou adeptos com rapidez e, desde então, não cessou de evoluir de forma consistente.

Há hoje mais de 3 milhões de cooperativas no mundo, espalhadas por mais de 150 países, com cerca de 1,2 bilhão de associados, atuando nos segmentos de consumo, agropecuária, serviços financeiros, saúde, infraestrutura, transportes, trabalho e produção de bens e serviços. Vale destacar que, em termos globais, as cooperativas são responsáveis por gerar 10% dos postos de trabalho do mundo, ou seja, 250 milhões de empregos.[1]

O Brasil,[2] por sua vez, tem mais de 5,3 mil cooperativas, que reúnem 15,5 milhões de associados.

A primeira cooperativa

A precursora do moderno cooperativismo foi a Rochdale Equitable Pioneers Society (Sociedade Equitativa dos Pioneiros de Rochdale, em tradução livre), constituída em 1844 na localidade que lhe dá nome, situada ao norte de Manchester, na Inglaterra. Os fundadores foram 28 operários desempregados, principalmente te-

1 ICA. Facts and figures. International Cooperative Aliance, 2021. Disponível em: https://www.ica.coop/en/cooperatives/facts-and-figures. Acesso em: 10 abr. 2021.

2 SISTEMA OCB. Anuário do Cooperativismo Brasileiro 2020. Disponível em: https://d335luupugsy2.cloudfront.net/cms/files/100931/1608152662Anuario_2020-vf.pdf. Acesso em: 10 abr. 2021.

Alguns dos membros que fundaram a primeira cooperativa no mundo em 1844, em Rochdale, distrito da cidade de Manchester na Inglaterra

celões. A sociedade depois simplificou o nome para Rochdale Pioneers. Em português, recebeu a curiosa denominação de Sociedade dos Probos Pioneiros de Rochdale, tradução de autoria desconhecida e distante do sentido original, pois realça a honestidade dos associados e não a participação igualitária.

Aqueles 28 pioneiros decidiram associar-se para tentar superar em conjunto as dificuldades comuns. Estavam convencidos de que, unidos, poderiam comprar a preços mais justos os gêneros de primeira necessidade para o sustento das famílias. A primeira reunião com o objetivo de fundar a sociedade foi realizada em setembro de 1844, na qual se definiu que todos deveriam contribuir para a composição do capital inicial. Quatro meses depois, cada um havia economizado 1 libra, o que permitiu

Grupo de mulheres participantes da cooperativa pioneira em Rochdale. A primeira mulher foi admitida na entidade em 1846

que, no dia 21 de dezembro, inaugurassem um armazém comunitário. De início, o entreposto fornecia apenas manteiga, açúcar, farinha, aveia e velas. Não tinha empregados, abria apenas duas noites por semana, sábado e segunda-feira, e todas as tarefas eram executadas pelos próprios sócios.

Em pouco tempo, o estabelecimento ganhou fama por fornecer produtos de qualidade, não adulterados e a preços mais baixos que os praticados no comércio em geral. Três meses depois, já prosperava e passou a vender também chá e tabaco. Os bons resultados alcançados atraíram o interesse e a participação de moradores da localidade que enfrentavam dificuldades similares.

Em março de 1846, justificando a denominação, a cooperativa deu mais um passo pioneiro: admitiu a primeira mulher como associada. Nessa condição, ela detinha o mesmo direito de votar nas decisões que os demais membros. Foi um avanço e tanto, pois, na época, as mulheres inglesas eram proibidas de participar de sindicatos e não podiam votar em eleições políticas.

A cooperativa evoluiu gradativamente. Em 1848, já contava com 140 associados e, em 1860, sólida e madura, tinha 3.450 filiados, contabilizando capital de 152 mil libras. Desse modo, tornou-se um exemplo, que foi replicado em toda a Inglaterra. Em 1900, havia espalhadas pelo país 1.439 organizações do gênero.

O comércio com o Brasil

É preciso lembrar que, entre 1850 e 1870, a Grã-Bretanha foi o principal parceiro comercial do Brasil. Os itens mais comprados pelos ingleses eram café, açúcar, algodão, couro e pele e borracha, nessa ordem. Eram adquiridas em maior volume mercadorias que incluíam algodão, lã, bebidas, trigo, farinha de trigo e carvão. Em 1870, Rochdale ainda era um distrito de Manchester, o berço da indústria têxtil britânica. Nas fábricas locais, nosso algodão era transformado em tecido e exportado para o Brasil.[3]

Princípios universais

O diferencial da sociedade dos Pioneiros de Rochdale, que a transformou em paradigma para o cooperativismo e possibilitou a expansão desse modelo no mundo, foi o severo código de conduta estabelecido desde o início. Eram sete regras, que passaram a ser conhecidas como Princípios de Rochdale: livre associação; controle democrático (um membro, 1 voto); distribuição de sobras proporcional ao volume de compras efetuadas por cada membro; pagamento limitado de juros sobre capital; neutralidade política e religiosa; vendas exclusivamente à vista; e promoção da educação.

Tais princípios foram adotados pelas cooperativas fundadas em vários países ao longo da segunda metade do século XIX. Com essa identidade comum, em 1895, líderes cooperativistas de treze nações – Alemanha, Argentina, Austrália, Bélgica, Dinamarca, Estados Unidos, França, Inglaterra, Holanda, Índia, Itália, Suíça e Sérvia[4] – reuniram-se em Londres, no I Congresso Cooperativo, para discutir como, em conjunto, poderiam fortalecer esse modelo de associação.

No encontro, fundou-se a Aliança Cooperativa Internacional (ACI), com os objetivos de disseminar informações sobre o sistema, definir e defender seus princípios e desenvolver o comércio internacional. Apesar das diferenças entre os países-membros, a ACI sobreviveu em razão do compromisso com a paz e a democracia e da neutralidade política. Em consequência, foi uma das poucas organizações internacionais a resistir às duas Guerras Mundiais.

Ao longo do tempo, a ACI introduziu mudanças nos sete princípios e, em 1995, ano do centenário, publicou a versão em uso até hoje.

1. Adesão voluntária e livre – qualquer pessoa interessada em utilizar os serviços e apta a fazê-lo pode filiar-se, desde que disposta a aceitar as responsabilidades como membro da sociedade. A adesão deve ser livre, não imposta, e a filiação se dá dentro de limites definidos no estatuto da cooperativa. Assim, por exemplo, uma sociedade de transportadores de carga só admite profissionais e empresas dessa categoria.

2. Gestão democrática – nas decisões da cooperativa, todos os associados têm igual direito de voto (um membro, 1 voto), independentemente de porte, tempo de filiação e volume de compras ou negócios realizados na organização.

3. Participação econômica – ao associar-se, o membro adquire certa quantidade de cotas de capital, em geral a partir de um limite mínimo que varia de uma cooperativa a outra. Desse modo, passa a ser coproprietário da organização, com acesso aos produtos e serviços e direito à participação nos resultados (positivos ou negativos).

4. Autonomia e independência – as cooperativas podem firmar acordos e parcerias comerciais e institucionais, desde que não afetem o controle

3 ABREU, Marcelo de Paiva; CORREA DO LAGO, Luiz Aranha. A economia brasileira no Império, 1822-1889. PUC-Rio – Departamento de Economia. Disponível em: http://www.econ.puc-rio.br/uploads/adm/trabalhos/files/td584.pdf.

4 O Brasil somente ingressaria na ACI quase um século depois, em 1989.

democrático dos membros. Vale ressaltar que essa liberdade é menor para cooperativas de crédito, pois, como instituição financeira, são submetidas à fiscalização do Banco Central, o que, por outro lado, proporciona maior segurança à gestão dos recursos dos membros.

5. Educação, formação e informação - as cooperativas devem promover a educação e a formação dos associados, representantes eleitos, gestores e colaboradores, para que contribuam para o desenvolvimento das atividades das respectivas organizações e, assim, gerem benefícios para cooperados, famílias e comunidades em que vivem e trabalham. Ao mesmo tempo, devem levar informações ao público em geral para que conheçam e entendam a natureza e as vantagens do cooperativismo. Em conjunto, esses três fatores são fundamentais para o fortalecimento, a multiplicação e a perenidade do modelo de negócios.

6. Intercooperação - as cooperativas atendem de forma mais efetiva aos interesses dos membros e fortalecem o movimento cooperativista trabalhando em conjunto por meio de estruturas locais, regionais, nacionais e internacionais.

7. Interesse pela comunidade - conforme define a ACI, "[...] as cooperativas trabalham para o desenvolvimento sustentável de suas comunidades por meio de políticas aprovadas por seus membros".[5] Isso significa que devem adotar práticas de responsabilidade social e ambiental em benefício das localidades em que estão instaladas, bem como, e em especial, das camadas mais carentes da população.

5 SISTEMA OCB. Sete Princípios do Cooperativismo. Disponível em: https://www.ocb.org.br/o-que-e-cooperativismo. Acesso em: 05 out. 2020.

Origens e desenvolvimento no Brasil

A cultura do cooperativismo nos moldes atuais começou a ser observada no Brasil no final do século XIX. Muitos imigrantes, notadamente funcionários públicos, militares e profissionais liberais que haviam testemunhado o florescimento dessas sociedades na Europa, inspiraram e até lideraram a implantação de cooperativas de consumo e de crédito no Brasil.

A primeira organização do setor fundada no país foi a Cooperativa Econômica dos Funcionários Públicos de Ouro Preto (MG), que iniciou as atividades em 1889, nos últimos dias do Brasil Império. Atuava no ramo de consumo, adquirindo e fornecendo produtos agrícolas aos membros. Outras sociedades desse tipo foram criadas logo depois em Pernambuco, Rio de Janeiro, São Paulo e Rio Grande do Sul.

A mais antiga cooperativa em operação no Brasil é a Sicredi Pioneira, a primeira a ser constituída no ramo de crédito. Foi fundada em 1902 com o nome de Bauernkasse, Caixa de Economia e Empréstimos Amstad, na comunidade de Linha

Padre Theodor Amstad

A primeira agência do Sicredi, em Nova Petrópolis (RS), hoje é um museu histórico

Imperial em Nova Petrópolis, região de colonização alemã da Serra Gaúcha. Bauernkasse pode-se traduzir como "caixa dos agricultores". Seu fundador foi o padre jesuíta suíço Theodor Amstad, que depois inspiraria a criação de outras 36 organizações similares nesse Estado e mais uma em Santa Catarina.

No Paraná, uma das mais antigas iniciativas do gênero foi registrada em 1906, quando ferroviários da cidade de Ponta Grossa criaram um movimento associativo beneficente, um armazém que fornecia gêneros de primeira necessidade. Anos depois, a iniciativa deu origem à Cooperativa Mista 26 de Outubro, que sobreviveu por mais de cinquenta anos e chegou a manter um hospital, que servia os sócios e a comunidade. No final dos anos 1970, contava com cerca de 6 mil cooperados. Foi liquidada na década de 1980.

A primeira cooperativa paranaense a cumprir a Lei Estadual nº 32/1932, que passou a exigir registro de todos os estabelecimentos industriais e comerciais, foi fundada em 1916, em Ribeirão

Claro, no Norte Velho, que funcionava como uma caixa de crédito agrícola.

Normas legais

Apesar dos esforços de muitos idealistas, a evolução do cooperativismo foi lenta e irregular no Brasil. Três fatores principais levaram a isso: gestão pouco ou nada profissional, educação cooperativista deficiente (havia pouco conhecimento sobre os princípios, que consequentemente não eram cumpridos) e falta de órgãos de representação atuantes.

Ainda poderia ser apontado um quarto fator: desvio de finalidade. Havia organizações que não passavam de "ação entre amigos", distantes das regras estabelecidas em Rochdale. E muitas fraudes, como empresas fornecedoras de serviços constituídas na forma jurídica de cooperativas de trabalho com o objetivo de excluir o vínculo empregatício e burlar a legislação trabalhista.

Após a fundação das primeiras cooperativas de consumo do país no final do século XIX, essa forma de associação começou a chamar a atenção das autoridades. Assim, no início da República, em 1903, foi publicada a Lei dos Sindicatos Agrícolas, primeira norma legal brasileira que incluía regras específicas para o cooperativismo. Outras leis viriam depois e, nos dois períodos ditatoriais (o Estado Novo, de 1937 a 1945, e o governo militar, de 1964 a 1985), as organizações do setor foram mantidas sob forte tutela estatal, sendo fiscalizadas por diferentes órgãos.

No início da intervenção militar, em 1966, foi publicado o Decreto-Lei nº 59, instituindo a Política Nacional de Cooperativismo e criando o Conselho Nacional de Cooperativismo (CNC), composto por cinco ministérios (Agricultura, Fazenda, Trabalho, Indústria e Comércio e Educação e Cultura). Esse decreto foi substituído em 1971 pela Lei Geral do Cooperativismo (Lei nº 5.764), que continua em vigor. No que se refere às cooperativas de crédito, em 2009, foi publicada a Lei Complementar nº 130, determinando que deveriam submeter-se às regras fixadas pelo Conselho Monetário Nacional (CMN) e pelo Banco Central do Brasil (BCB) para todas as instituições financeiras.

A tutela estatal sobre o cooperativismo foi extinta com a promulgação da Constituição de 1988, que estabelece, no Artigo 5º, inciso XVIII: "[...] a criação de associações e, na forma da lei, a de cooperativas, independem de autorização, sendo vedada a interferência estatal em seu funcionamento".

Órgãos de representação

Até os anos 1950, não havia no Brasil nenhum órgão de representação para defender os interesses comuns das cooperativas, que assim permaneciam dispersas, com graus de maturidade heterogêneos e reduzida capacidade de interlocução com as diferentes esferas governamentais. Outrossim, os esforços de organização do setor partiram não das próprias cooperativas, mas do governo federal e de alguns Estados.

Em São Paulo, por exemplo, foi criado em 1933 o Departamento de Assistência ao Cooperativismo (DAC), subordinado à então Secretaria da Agricultura, Indústria e Comércio, sendo depois transformado em Instituto de Cooperativismo e Associativismo (ICA). Foi o primeiro órgão oficial da América do Sul de dedicação exclusiva ao cooperativismo. Porém, não tinha finalidade de representação, e sim de controle e fiscalização da constituição e funcionamento das sociedades cooperativas. Outros Estados criaram organismos similares.

Em 1949, foi fundado o Centro Nacional de Estudos Cooperativos (CNEC), sediado no Rio de Janeiro. Sua criação havia sido proposta cinco anos antes, no 1º Congresso Brasileiro de Cooperativismo, realizado em São Paulo, em julho de 1944. A atuação do CNEC era restrita à área de pesquisa e educação e, para divulgar suas ações, editou a revista *Arco-íris*.

Em 1951, foi criado o Banco Nacional de Crédito Cooperativo (BNCC), com o objetivo de proporcionar assistência e amparo financeiro às cooperativas, para que financiassem diretamente os associados. O banco também teve publicação própria, a revista *Cooperativismo*, cujo objetivo era divulgar esse modelo de negócios em todo o país.[6]

A primeira entidade criada pelas organizações do setor com o objetivo de representar seus interesses foi a União Nacional das Associações Cooperativas (Unasco), fundada em 11/11/1956, com sede no Rio de Janeiro, então capital federal. Congregava sete organizações estaduais: União das Cooperativas do Estado de São Paulo (Ucesp), Associação das Cooperativas do Paraná e Santa Catarina (Ascoopac), Associação das Cooperativas Sul-Riograndenses (Ascooper), União das Cooperativas do Estado de Minas Gerais (Ucemg), União das Cooperativas do Estado da Bahia (Uceb), União das Cooperativas do Estado do Rio de Janeiro (Ucerj) e União das Cooperativas do Estado da Guanabara (Ucoeg). Adicionalmente, a Unasco traçou como objetivo inicial a reorganização das entidades pouco atuantes existentes em cinco Estados (Alagoas, Ceará, Goiás, Paraíba e Pernambuco) e no então Território do Acre.

A atuação da Unasco, no entanto, acabou dividendo opiniões quanto à eficácia. Assim, um grupo dissidente fundou a Aliança Brasileira de Cooperativas (Abcoop), em 04/07/1964, para ser a porta-voz da comunidade cooperativista do país. A nova entidade incorporou o patrimônio físico e

6 Em 1990, como parte das medidas de reforma administrativa criadas pelo recém-empossado presidente Fernando Collor de Mello, o BNCC foi extinto. Esse episódio e suas consequências são explicados com mais detalhes no capítulo *Capilares do sistema financeiro nacional* (pp. 138-161).

cultural do CNEC. Mas a Abcoop não substituiu a Unasco, que continuou a existir. Estabeleceu-se, assim, uma cisão no movimento, com as lideranças aderindo a uma ou outra organização. A desarmonia entre ambas prejudicava os entendimentos com o Estado e obstruía a evolução do cooperativismo no país.

Com o objetivo de sanar o problema, em 1967, o então ministro da Agricultura, o gaúcho Luiz Fernando Cirne Lima, convocou para uma reunião o então secretário da Agricultura de São Paulo, Antônio José Rodrigues Filho. Este, liderança reconhecida no meio cooperativista, era pai de Roberto Rodrigues, que se tornaria ministro da Agricultura e presidente da ACI. No encontro, Cirne Lima fez um pedido: buscar a união das duas entidades. Os esforços do Dr. Antoninho, como era mais conhecido, deram certo. Em 02/12/1969, durante o IV Congresso Brasileiro de Cooperativismo, em Belo Horizonte, a Unasco e a Abcoop foram extintas e, para sucedê-las, foi constituída a Organização das Cooperativas Brasileiras (OCB), escolhendo-se, para comandá-la, uma diretoria provisória com mandato de seis meses.

Assembleia de constituição da OCB em Belo Horizonte em 1969

A diretoria provisória foi encabeçada por Antônio José Rodrigues Filho, que na sequência foi eleito para permanecer no cargo por dois exercícios consecutivos (1970 a 1976).

MARCOS DA EVOLUÇÃO DA OCB

Desde a fundação, a OCB teve participação relevante na evolução do cooperativismo brasileiro. Os fatos mais marcantes dessa trajetória são resumidos na cronologia a seguir.

1971

Em 16/12/1971, durante a primeira gestão de Antônio José Rodrigues Filho, foi promulgada a Lei nº 5.764, que definiu a Política Nacional de Cooperativismo e instituiu o regime jurídico das organizações do setor. A lei unificou o sistema nacional em torno da representação da OCB, que, com isso, passou a organizar as unidades estaduais, algumas já em pleno funcionamento, como a Ocepar, no Paraná, e a Ocesp, em São Paulo, ambas fundadas em 1971. A nova lei também definiu as regras de composição e funcionamento do CNC, que se tornou o responsável pela orientação geral da política cooperativista nacional. O órgão funcionou inicialmente adjunto ao Instituto Nacional de Colonização e Reforma Agrária (Incra), sob a presidência do ministro da Agricultura, sendo composto por oito membros.

1979

A OCB cria a Fundação Brasileira de Cooperativismo (Brascoop). Entre os principais objetivos estabelecidos no regimento interno, destaca-se a promoção de atividades de caráter técnico, científico, educativo, cultural e social, visando, de maneira geral, ao desenvolvimento do cooperativismo.

Edifício-sede da OCB, em Brasília

1982

Roberto Rodrigues assume a presidência da OCB e começa a trabalhar para influenciar a Assembleia Nacional Constituinte, que seria instalada em 01/02/1987, para que o cooperativismo recebesse tratamento diferenciado na nova Constituição Federal. Todas as cooperativas brasileiras são convocadas a enviar propostas para a nova Carta. Um documento detalhado, contendo as reivindicações do setor, foi endereçado aos constituintes. O ex-presidente do Sistema Ocepar João Paulo Koslovski relembrou esse episódio em declaração publicada na edição da revista *Saber Cooperar*, comemorativa dos 45 anos de fundação da OCB: "[...] Roberto Rodrigues fez um trabalho fantástico. Recebemos mais de 4 mil propostas do cooperativismo brasileiro, as quais sistematizamos para que pudéssemos discutir esses pontos nos grupos de trabalho. (...) Esse processo de discussão configurou, sem dúvida, um marco referencial para o cooperativismo até hoje".[7]

1987

Logo após a posse dos constituintes, o então ministro da Agricultura, Iris Rezende Machado, convoca uma reunião em que os eleitos se comprometem a articular com senadores e deputados federais visando à formação da Frente Parlamentar do Cooperativismo (Frencoop). Roberto Rodrigues declararia: "Em poucas semanas, tínhamos a maior frente suprapartidária da Assembleia Nacional Constituinte, com 217 deputados e senadores firmando seu apoio ao nosso programa".[8]

7 SABER COOPERAR. Década de 1980. Edição Especial OCB 45 anos, dez. 2015, p. 22. Disponível em: https://api.somoscooperativismo.coop.br/portal/arquivorevista/arquivo/get/24. Acesso em: 15 out. 2020.

8 Ibidem, p. 21.

Coube ao ex-presidente da Ocepar e presidente em exercício da OCB, Guntolf van Kaick, defender na tribuna livre da Constituinte, na Câmara Federal, os pleitos apresentados pelos cooperativistas brasileiros, representados por 46 mil assinaturas.

1988

É promulgada em 05/10/1988 a Constituição da República Federativa do Brasil, que inaugura a era da autogestão cooperativista, isentando as organizações de autorização para ser constituídas e proibindo a interferência estatal no funcionamento.

1989

O Brasil ingressa na ACI e, assim, se insere no contexto cooperativista mundial.

1993

A OCB filia-se ao Conselho de Administração da Organização das Cooperativas da América (OCA), à Federação Internacional de Produtores Agrícolas (Fipa) e à Associação Latino-Americana de Centros de Educação Cooperativista (Alcecoop). Roberto Rodrigues é eleito presidente da ACI para as Américas e Caribe.

1995

Roberto Rodrigues é eleito presidente da ACI para o período de 1997 a 2001. Com ele, o cooperativismo brasileiro ganha reconhecimento internacional.

1996

Aprovado o regulamento que instituiu os treze ramos de atuação do cooperativismo brasileiro: agropecuário, consumo, crédito, especial (para favorecer a integração social de pessoas que necessitem de tutela ou estejam em desvantagem no mercado econômico), educacional, habitacional, infraestrutura, mineral, produção, saúde, trabalho, transporte e turismo e lazer.

1998

O governo edita a Medida Provisória nº 1.715, criando o Programa de Revitalização das Cooperativas Agropecuárias (Recoop) e o Serviço Nacional de Aprendizagem do Cooperativismo (Sescoop).

O Recoop começou a nascer com a proposta apresentada à OCB pela Ocepar, então presidida por João Paulo Koslovski, visando à criação de um programa de alongamento de dívidas das cooperativas, particularmente no setor agropecuário, que passaram a enfrentar sérias dificuldades com o Plano Real.[9]

Por sua vez, o Sescoop foi criado com múltiplos objetivos, dentre os quais: organizar, administrar e executar programas e projetos de formação profissional para os funcionários, cooperados e familiares. A partir do surgimento do Sescoop, as cooperativas passaram a receber em serviços a contribuição que antes recolhiam ao governo em benefício das instituições nacionais pertencentes ao chamado Sistema S (Senai, Sesc, Senar, Sescoop etc.)

2001

Márcio Lopes de Freitas é eleito para a presidência da OCB, com mandato até 2004. Reeleito, com a nova estrutura de governança introduzida na OCB, é contratado como presidente executivo.

2005

É criada a Confederação Nacional das Cooperativas (CNCoop), marcando o reconhecimento da categoria econômica das cooperativas em área de abrangência e base territorial, fortalecendo e

9 No capítulo *Alcance social no DNA de um modelo* (pp. 200-221) há mais detalhes das negociações que resultaram na estruturação do Recoop.

consolidando o Sistema Confederativo de Representação Sindical das Cooperativas.

2009

Aprovação da Lei Complementar nº 130, considerada um marco na evolução regulatória do cooperativismo de crédito. Essa legislação define o cooperativismo de crédito como um sistema único, criando mecanismos para consolidar o Sistema Nacional de Crédito Cooperativo (SNCC) - o que aumenta a participação do cooperativismo no mercado financeiro.

2017

É lançado o movimento SomosCoop.

2019

Celebra-se o cinquentenário de fundação da OCB.

2020

A OCB reestrutura os ramos do cooperativismo no Brasil, que passam a ser sete: agropecuário, crédito, consumo, infraestrutura, saúde, trabalho e produção de bens e serviços e transporte. A justificativa, publicada no site da entidade, é a seguinte: "Essa modernização vem para garantir que o Sistema OCB fique ainda mais próximo da realidade das nossas cooperativas, gerando cada vez mais impactos positivos tanto para as pessoas quanto para os negócios - num grande movimento de fortalecimento da economia brasileira".

O futuro em construção

Os números relativos ao cooperativismo brasileiro no final de 2020 e sua evolução ao longo do século XXI demonstram que esse modelo de negócios vem conquistando pouco a pouco a preferência de pessoas físicas e jurídicas. No entanto, o cooperativismo ainda enfrenta, como entrave sério para o pleno desenvolvimento, o baixo nível de entendimento de seus diferenciais como modelo de negócios. Nesse sentido, Márcio Port, ex-presidente do Conselho de Administração da Sicredi Pioneira, de Nova Petrópolis (RS), já afirmava: "Nosso maior concorrente é o desconhecimento".

Raciocínio similar é formulado por Márcio Lopes de Freitas: "Há centenas de itens nas prateleiras dos supermercados produzidos por cooperativas, e pouca gente sabe que têm essa origem. A presença das cooperativas na economia é muito relevante, mas precisa ser comunicada de forma mais eficiente". Foi considerando essa carência que, em 2017, a OCB lançou o Movimento SomosCoop.

Márcio Lopes de Freitas insiste no fato de que o SomosCoop não é uma campanha promocional, mas um movimento que visa despertar na sociedade e, principalmente nos membros de cooperativas, o orgulho de fazer parte desse modelo, que, segundo ele, "[...] representa o novo *design* de apresentação do cooperativismo, que oferece à sociedade não uma alternativa, mas a solução para o atendimento de suas necessidades". E conclui: "A sociedade está em transformação, preocupa-se hoje muito mais com o ser do que com o ter, em ser mais usuário do que proprietário. Preocupa-se também com a economia compartilhada. O cooperativismo tem tudo a ver com essa nova visão e se diferencia porque gera prosperidade".

O presidente da OCB enfatiza que o cooperativismo é uma referência nos setores em que está presente, mas precisa apresentar-se melhor. Acentua: "O Movimento SomosCoop foi criado para ajudar nesse processo. Gostaríamos que os 16 milhões de pessoas filiadas a alguma cooperativa exibissem nos carros o adesivo com a marca do movimento para mostrar à sociedade que já somos uma realidade baseada na cooperação".

CLASSIFICAÇÃO DAS COOPERATIVAS

• **ACI** - fundada em 1895, em Londres, na Inglaterra, manteve ali a sede até 1982, quando se transferiu para Genebra, na Suíça. Foi constituída por representantes de treze países, número que, ao final de 2020, alcançou 112. Com a missão adicional de apoiar o desenvolvimento e a integração do sistema cooperativo, foi uma das primeiras organizações não governamentais (ONGs) a ter assento no Conselho da Organização das Nações Unidas.

• **Cooperativas das Américas** - ex-ACI América é um dos quatro órgãos de representação regional da ACI (os outros três estão na Europa, África e Ásia/Pacífico). Foi instalada em 1990, com sede em São José, na Costa Rica, respondendo por todo o continente americano.

• **OCB** - é a organização de representação e defesa dos interesses das cooperativas brasileiras ante os Três Poderes da República. Possui uma unidade nacional e 26 estaduais.

A cooperação é uma realidade para cooperados e consumidores

- **Sescoop** – instituição responsável por ações de promoção social, desenvolvimento profissional de cooperados e empregados de cooperativas, realiza iniciativas de acompanhamento e fortalecimento da gestão das cooperativas. Também possui uma unidade nacional e 26 estaduais.

- **CNCoop** – responsável por representar e defender sindicalmente as cooperativas enquanto categoria econômica, possui entre os objetivos o estudo, a defesa, a coordenação, a representação e a integração das seis Federações e dos quarenta Sindicatos de Cooperativas, respondendo pelo somatório das categorias e bases territoriais das federações a elas filiadas.

- **Organizações das Cooperativas nos Estados** - assim como a Ocepar, no Paraná, as representações das cooperativas instaladas nos Estados de origem fazem a interlocução com a OCB no plano nacional.

Na base, três graus

- **Singular** – representando o primeiro grau, é a cooperativa propriamente dita.

- **Central ou federação** – três ou mais singulares de um Estado, região ou determinado ramo, podem se unir e formar uma cooperativa central ou federação (o segundo grau). O objetivo é atender às necessidades comuns das filiadas com ganhos de escala e custos compartilhados e ainda promover a troca de serviços entre as cooperativas que a integram. Um exemplo é a Unimed Paraná, que representa as 22 singulares da rede atuantes no Estado, prestando serviços a todas.

- **Confederação** – três ou mais federações (ou centrais) podem constituir uma confederação (terceiro grau), que permite atender com ganhos ainda maiores de escala as necessidades de todas as filiadas no país. Assim, por exemplo, a confederação das organizações filiadas ao Sistema de Cooperativas Financeiras do Brasil (Sicoob) desenvolveu e implantou em 2002 o SIS-BR, sistema único de informática instalado nas 372 singulares da rede em operação no país no final de 2020.

As federações, desse modo, ocupam posição intermediária, fazendo a interlocução de filiadas com as respectivas confederações. Estas, em questões relativas ao cooperativismo, se relacionam com a OCB e, em questões referentes à área de atuação, se reportam aos órgãos reguladores e demais autoridades.

Essa estrutura de representação é formal mas não rígida, pois não impede que uma cooperativa singular, autônoma perante a lei, mantenha diálogo direto com a confederação e com a OCB.

Cooperativas geram cooperativas

O cooperativismo tem uma característica marcante: a capacidade de multiplicação a partir de experiências bem-sucedidas. Cooperativas com boa administração e benefícios reconhecidos pelos associados têm contribuído para a criação de uma cultura favorável a esse modelo de negócios, determinante para o surgimento de novas cooperativas. Isso é comprovado pelas muitas organizações do setor que foram inicialmente departamentos ou extensões de cooperativas tradicionais, em especial do segmento agropecuário.

Seguindo essa lógica, foram constituídas em maioria as cooperativas de crédito e algumas das maiores e mais atuantes representantes na área de transportes, infraestrutura, trabalho, produção de bens e serviços (incluindo, no Paraná, a primeira cooperativa de turismo do país) e consumo (com duas cooperativas educacionais no Estado). Nesse cenário, as cooperativas de saúde são exceção quanto à origem, mas confirmam a lógica citada, pois contribuíram para a fundação de organizações desse tipo, particularmente nos ramos de crédito e trabalho.

Tal dinâmica foi responsável pela diversidade e multiplicidade observada no setor. Segundo o Anuário do Cooperativismo Brasileiro 2020, havia nesse ano em todo o país 5.314 cooperativas registradas na OCB. O Paraná ocupa a quinta posição em número de organizações (217), atrás de São Paulo (1.012), Minas Gerais (754), Rio de Janeiro (433) e Rio Grande do Sul (425). O ramo mais numeroso é da agropecuária, com 1.223 cooperativas, vindo em seguida transporte (1.093), trabalho, produção de bens e serviços (860), crédito (827), saúde (783), infraestrutura (265) e consumo (263).

O número de cooperados vem crescendo continuamente. Alcançou perto de 15,5 milhões em 2020, sendo 82% de pessoas físicas e 18% de pessoas jurídicas. Nesse quesito, o Paraná é o quarto colocado (2,48 milhões de associados), atrás de Rio Grande do Sul (3,029 milhões), São Paulo (3,018 milhões) e Santa Catarina (2,673 milhões). O ramo de crédito tem a maior quantidade de membros (10,7 milhões), seguido por consumo (2,025 milhões), infraestrutura (1,138 milhão), agropecuário (992,1 mil), saúde (275,9 mil), trabalho, produção de bens e serviços (221,1 mil) e transporte (99,6 mil).

CINCO RAMOS EM ASCENSÃO

No Paraná, além das 59 cooperativas agropecuárias e 56 de crédito em atuação no início de 2021, as líderes em número de associados e volume de negócios, outras 102 sociedades completam o setor no Estado. Atuam em cinco ramos, todos em crescimento: saúde; transporte; infraestrutura; trabalho, produção de bens e serviços; e consumo. Apresenta-se a seguir um resumo dos cinco segmentos, com números relativos a dezembro de 2020.

Saúde

Há no Paraná 37 cooperativas ativas registradas na Ocepar, das quais 94% são operadoras de planos de saúde. O sistema conta no Estado com quase 16 mil associados e 6,7 mil funcionários. O número de beneficiários atendidos pelos planos chega aproximadamente a 2,3 milhões.

Nesse cenário, o principal destaque cabe à Unimed – União de Médicos, que é o maior sistema cooperativo de saúde no mundo. No início de 2021, a Unimed contava em todo o país com 347 cooperativas, 113 mil médicos cooperados, 17 milhões de beneficiários, 2.611 hospitais credenciados e 114 hospitais próprios. Sociedades auxiliares complementam o sistema, como a Fundação Unimed, que administra a Faculdade Unimed; e a Unimed Participações, que controla companhias de seguros e uma gestora de ativos.

A primeira Unimed foi fundada em 1967, em Santos (SP), pelo médico Edmundo Castilho (1929-2016), paulista de Penápolis formado pela Universidade Federal do Paraná (UFP). Após a constituição dessa organização pioneira, várias

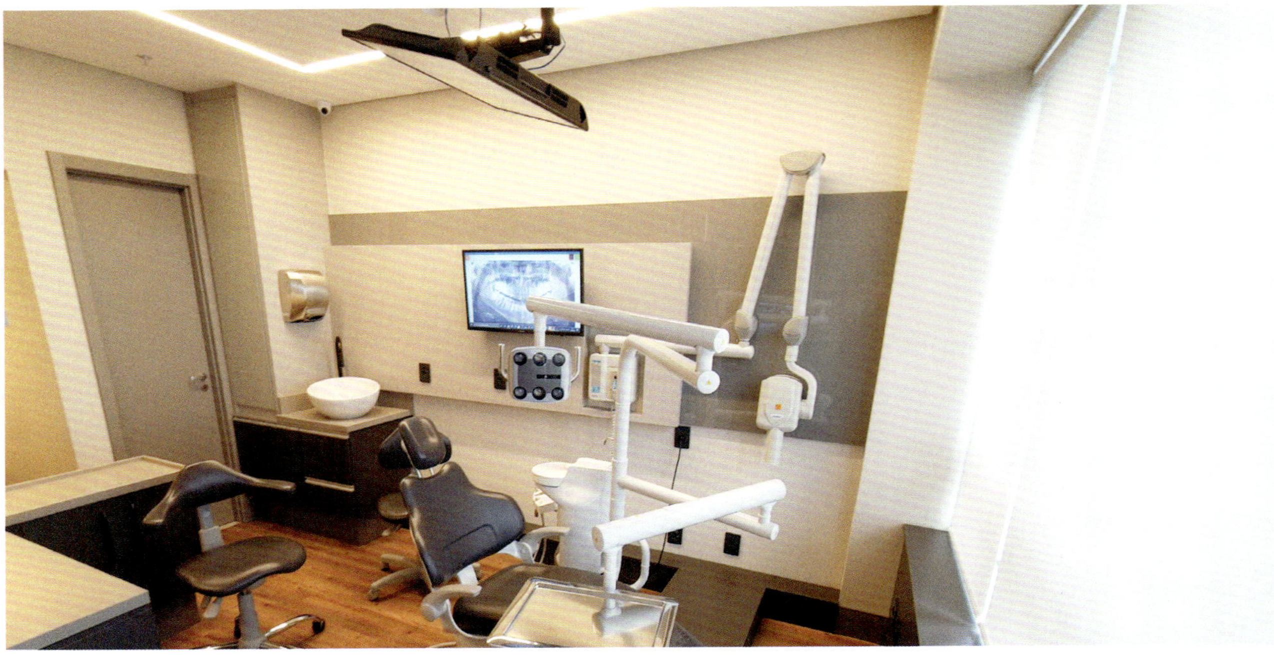

Consultório da Uniodonto Curitiba preparado para atendimento

outras foram instaladas no Brasil, estruturadas como cooperativas de trabalho médico.

No Paraná, a primeira cooperativa da rede médica foi fundada em Londrina, em março de 1979, e a segunda, pouco depois, em Curitiba. A Federação Unimed Paraná foi constituída em agosto de 1979, reunindo essas duas e mais duas que já se encontravam em operação, em Guarapuava e Ponta Grossa. O sistema evoluiu e, no início de 2021, a Federação Unimed Paraná integrava 22 cooperativas, sendo vinte operadoras, portanto, com registro na Agência Nacional de Saúde (ANS) e autorizadas a comercializar planos de saúde, e duas prestadoras, sem registro na ANS, representadas pela federação.

A Uniodonto é outro destaque no Paraná, onde possui cinco unidades (duas em Curitiba, as outras em Londrina, Maringá e Ponta Grossa). Sua história tem ligação com a da pioneira Unimed. Influenciados pelo sucesso desta, 37 dentistas ligados à Associação dos Cirurgiões Dentistas de Santos (SP) fundaram a primeira cooperativa do segmento em 1972. Hoje, o sistema Uniodonto é o maior do mundo na categoria, com 22 mil cirurgiões-dentistas cooperados, organizados em 117 singulares, com 3 milhões de usuários.

Em 05/09/1989, nasceu a Dental Uni, cooperativa de dentistas voltada para a união e o crescimento dos profissionais, com a missão de facilitar o acesso da população aos serviços odontológicos, com sede em Curitiba mas atuação em diversos Estados brasileiros.

Completam o ramo no Paraná doze cooperativas, sendo seis de médicos ou especialidades médicas (hospitais infantis Pequeno Príncipe e Cesar Perneta, cirurgiões cardiovasculares, médicos anestesiologistas, médicos intensivistas, cardiologistas intervencionistas e imaginologistas), duas odontológicas sem sistema, três de profissionais de saúde (enfermeiros, fisioterapeutas e imaginologistas) e a Cooperativa Paranaense de Medicina (Coopamed), que atua na área de crédito.

Cooperativas de transporte como a Coopercaf desempenham papel essencial na distribuição do que é produzido no campo em Cascavel

Transporte

São 35 as cooperativas deste ramo, com aproximadamente 3,8 mil associados e 165 funcionários. A maioria atua no transporte de cargas, tendo movimentado 12,86 milhões de toneladas em 2020, operando em diferentes especialidades: grãos (vinte cooperativas), congelados (três), madeira (duas), papel (duas), cargas em geral (duas) e rotas internacionais no Mercosul (duas). As quatro restantes atuam em transporte aquaviário, portuário, turístico e individual de passageiros (táxis). Os ativos dessas organizações somam cerca de 3 mil veículos de carga, em maioria carretas e bitrens, e quase 800 veículos de passageiros, entre vans e automóveis.

O desenvolvimento do ramo de transporte, em especial no segmento de cargas, está fortemente ligado ao crescimento das cooperativas agropecuárias e seu relacionamento com motoristas autônomos. O exemplo da Cooperativa de Transportes Rodoviários de Cafelândia (Coopercaf), fundada em 1998, demonstra como surgiu a maioria das organizações desse segmento.

Esse município no oeste paranaense é sede da Copacol, para a qual algumas dezenas de motoristas autônomos prestavam serviços de transporte de cargas. Seu ex-presidente Ildo Pasquali sugeriu aos líderes dos caminhoneiros que constituíssem uma cooperativa, pois estariam mais organizados e teriam mais chances de prosperar. Assim, contando com o aval da que seria a principal cliente, 65 caminhoneiros fundaram a Coopercaf, cuja primeira sede foi numa pequena sala cedida pela Copacol, com espaço para apenas dois funcionários. Hoje, com 195 associados, é uma das cinco maiores organizações do segmento no Paraná, ao lado da CTA (Astorga), Rodocoop (Mandaguari), Coptrans (Francisco Beltrão) e Transcooper (Pato Branco).

Infraestrutura

Neste ramo, há quinze cooperativas, com mais de 11,5 mil associados, em maioria operando na área de energia elétrica, sendo oito de distribuição, quatro de geração compartilhada/distribuída e uma fotovoltaica. São responsáveis por 9.565 pontos de energia no Estado, quase 70% na região oeste. Completam o ramo duas cooperativas de construção civil habitacional.

As cooperativas de eletrificação surgiram no Brasil em função da imposição de levar energia elétrica a localidades de baixa densidade demográfica, como áreas rurais, onde o investimento em redes de distribuição não era um empreendimento rentável e atraente para as concessionárias do setor. Isso fez os usuários se mobilizarem para suprir as próprias necessidades.

Para apoiá-los, foi promulgado em 30/11/1964 o Estatuto da Terra, que elegeu o cooperativismo

Linha de transmissão da Ceral em Arapoti

como modelo prioritário para impulsionar o processo de eletrificação rural. Passou a ser obrigatória a inclusão da eletrificação e de outras obras de infraestrutura nos planos de reforma agrária, investimentos que deveriam ser realizados por meio de cooperativas, com apoio do BNCC, recebendo auxílio do governo federal, estadual e municipal e ainda contando com recursos do Banco Interamericano de Desenvolvimento (BID).

Como resultado, a partir do final dos anos 1960, as cooperativas agropecuárias fomentaram a criação de cooperativas de eletrificação, como órgãos complementares a sua atividade. E estas se tornaram agentes efetivos de desenvolvimento. A primeira foi a Cooperativa de Infraestrutura de Arapoti (Ceral), constituída em 1968 por imigrantes holandeses que oito anos antes haviam chegado à região e fundado a cooperativa agropecuária Capal. A Ceral é uma das mais antigas do setor ainda em atividade.

A criação da Ceral foi fundamental para o desenvolvimento da agropecuária e a melhoria da qualidade de vida da população rural do município de Arapoti, conforme relato do historiador Jan Egbert Borg, citado no site na cooperativa: "A vida mudou totalmente porque, de repente, a energia estava dentro de casa para assistir televisão, ouvir música. Ao acordar às 4h30 da manhã para tirar leite, você ligava a luz e o gado já vinha para casa para ser ordenhado. Tudo isso facilitou muito a vida no campo".

Reações similares foram observadas em outras localidades paranaenses nos anos 1970, período em que foram fundadas: Cooperativa de Infraestrutura Castrolanda (Eletrorural), em Castro; Cooperativa de Eletrificação e Desenvolvimento Econômico de Marechal Cândido Rondon

A usina Pesqueiro fica no município de Jaguariaíva (PR) e pertence a três cooperativas: Ceral (PR), Eletrogeração (PR) e Ceripa (SP)

(Cercar); Cooperativa de Infraestrutura e Eletrificação Rural de Palotina (Cerpa); Cooperativa de Eletrificação Rural de Witmarsum (Cerwit); Cooperativa de Eletrificação de Medianeira (Cerme); Cooperativa de Eletrificação Rural de Chopinzinho (Cercho); e Cooperativa de Eletrificação Rural do Norte Pioneiro (Cernopi) de Santo Antônio da Platina.

Todas se desenvolveram e criaram áreas de negócios adicionais, como lojas de aparelhos e equipamentos eletroeletrônicos, supermercados e até pequenas unidades industriais, como a fábrica de conservas instalada pela Cerme em 1995, que processa principalmente pepino produzido pelos associados.

Em 2019, acompanhando a tendência de mercado, foi fundada a Sinergi Cooperativa de Geração Distribuída de Energias Renováveis, primeira cooperativa de geração fotovoltaica do Paraná, que ainda oferece aos associados a possibilidade de explorar comercialmente biodigestores, turbinas eólicas e minicentrais hidrelétricas - menores do que as pequenas centrais hidrelétricas (PCHs) e gerando até 5 MW.

Trabalho, produção de bens e serviços

Este ramo compreende onze cooperativas no Paraná, com mais de 7,6 mil associados e 75 funcionários. Com variadas especialidades, doze são classificadas na categoria de cooperativas de trabalho e uma em serviços – a primeira cooperativa de turismo do Brasil.

As cooperativas de trabalho incluem segmentos muito variados. Quatro têm atuação ligada à agropecuária, como segue.

• **Unicampo -** em Maringá, é composta por profissionais com nível superior em Ciências Agrárias, que prestam serviços autônomos de consultoria e assistência técnica.

• **Biolabore -** em Santa Helena, região oeste do Estado, cujos cooperados compõem um grupo multidisciplinar na área de agronomia, veterinária e zootecnia, oferecendo serviços técnicos especializados em desenvolvimento sustentável.

• **Coopermais** - em Francisco Alves, é integrada por médicos veterinários e engenheiros agrônomos, que dão assistência técnica a produtores rurais do noroeste paranaense, principalmente na área de pecuária leiteira, sendo executora do programa Mais Leite Saudável, vinculado ao Ministério da Agricultura, Pecuária e Abastecimento (Mapa).

• **Intercoop -** em Curitiba, a Cooperativa Interdisciplinar de Serviços, formada por consultores ambientais, presta assessoria a cooperativas agropecuárias e a outros órgãos e empresas.

As seis restantes reúnem profissionais de áreas distintas.

Tanque de peixes desenvolvido pelo produtor Vilmar Alves, que recebe consultoria da Biolabore para o desenvolvimento sustentável da criação de peixes em Cascavel

• **Ceilin** - Cooperativa de Educadores e Instrutores de Línguas de Curitiba, formada por professores, tradutores e intérpretes de inglês, espanhol, francês, alemão, italiano, russo, ucraniano, japonês e chinês, atuando na área do ensino de idiomas.

• **CooperaCom** - em Curitiba, reúne profissionais das diversas áreas da comunicação.

• **Pluricoop** - sediada em Maringá, congrega executivos em gestão e treinamento, atuando em várias frentes, com ênfase nos programas CooperJovem e Cooper Universitário (ensino de cooperativismo) e na aplicação do índice de Felicidade Interna do Cooperativismo (FIC), contraponto ao desempenho econômico-financeiro, visando assegurar qualidade de vida aos cooperados.

• **Macuco** - Grupo de Artistas e Produtores Culturais, de Maringá, primeira cooperativa cultural do Paraná, reunindo produtores culturais e profissionais ligados ao segmento.

• **Cooperactiva** - Cooperativa de Trabalho dos Consultores Bancários e Ex-Bancários de Curitiba e Região.

• **Coperadi** - em Curitiba, é uma Cooperativa de Trabalho de Profissionais em Radiologia.

• **Cooptur** - com sede em Carambeí, Cooperativa Paranaense de Turismo.

• **Ticoop Brasil** - Cooperativa dos Profissionais de Tecnologia da Informação, com sede em Curitiba.

PRIMEIRA COOPERATIVA NA ÁREA DE TURISMO

Em 2001, o Ministério dos Esportes e Turismo e a Organização das Cooperativas Brasileiras

Grupo de cooperados em roteiro turístico da Cooptur

(OCB) firmaram convênio visando à implantação do projeto Turismo Rural Cooperativo. A ideia era incluir dez Estados, mas o Paraná foi o único a compor uma organização especializada na área, a Cooperativa Paranaense de Turismo (Cooptur), constituída em 2004, na sede da Batavo (desde 2015, Frísia), em Carambeí. A cooperativa foi criada com o objetivo de colocar os visitantes em contato com a cultura, culinária, artesanato, trabalho, arquitetura e paisagens das localidades em que vivem descendentes de imigrantes holandeses, alemães e ucranianos que chegaram ao interior do Estado na virada do século XIX para o XX.

A Cooptur organiza atividades em três rotas culturais: a Holandesa, abrangendo Carambeí, Castrolanda e Arapoti; a Eslavo-Germânica, que inclui as colônias alemãs de Witmarsum (município de Palmeira) e Entre Rios e a ucraniana de Prudentópolis; e, para completar, a cidade de Lapa, pela tradição histórica. Adicionalmente, na área de cooperativismo, são organizados roteiros técnicos e treinamentos vivenciais, buscando ampliar o conhecimento e o entendimento sobre esse modelo de negócios

Os associados, que ao final de 2020 somavam oitenta, são empreendedores de turismo de diversas categorias: hotéis, pousadas, restaurantes, propriedades rurais, lojas de artesanato, bebidas e alimentos de produção local; guias de excursões, caminhadas e atividades de lazer, ecoturismo e turismo de aventura; grupos culturais e folclóricos; museus; e agroindústria. Há, entre os associados, até um palhaço profissional.

Em 2020 e 2021, em razão da pandemia, a Cooptur permaneceu quase inativa, apenas oferecendo treinamentos online dentro do programa Gincoop, criado pela Ocepar para disseminar o cooperativismo de forma descontraída, por meio de uma gincana. O programa, coordenado pelo Sescoop/PR, é customizável de acordo com o perfil e os interesses das cooperativas. Pode ser usado na formação de funcionários, cooperados, grupos femininos e de jovens, entre outros. O programa, segundo Márcio Miranda, vice-presidente da Cooptur, assegurou a sobrevivência da cooperativa, que criou um estúdio específico para produzir *lives*, com a intenção de também manter esse espaço disponível para locação.

Associado no supermercado Cotrasul em Medianeira

Consumo

É o ramo menos numeroso, com apenas quatro cooperativas, uma no segmento de supermercados, duas de serviços educacionais e a última especializada na prestação de serviços em contabilidade e administração.

O supermercado é a Cotrasul – Cooperativa de Consumo dos Trabalhadores da Sudcoop (atual Frimesa), fundada em 12/04/1989, em Medianeira, no oeste do Paraná, com 214 associados, todos funcionários da cooperativa. Ocupou inicialmente uma pequena sala e hoje, com aproximadamente

1,8 mil cooperados e 150 empregados, está instalada em área de 800 m^2, atendendo não só associados mas toda a comunidade.

As duas organizações educacionais são o Colégio Cooperativa da Lapa e a Cooperativa de Educação e Cultura Regina Mundi (Coopermundi). A primeira foi fundada em setembro de 1995, no município de Lapa, a cerca de 80 km de Curitiba, com o objetivo não só de oferecer maior qualidade de ensino aos filhos dos cooperados e à comunidade, mas contribuir para a disseminação da cultura e dos valores cooperativistas. Por sua vez, a história da Coopermundi teve início em 1982, quando as irmãs da congregação de Nossa Senhora Imaculada Conceição resolveram iniciar um trabalho educacional no município de Dois Irmãos, no oeste do Estado, a 470 km da capital, fundando o Colégio Regina Mundi. Em 1997, pais, professores e funcionários assumiram o controle da instituição, transformando-a em cooperativa, que atende crianças de 1 ano (pré-maternal) ao pré-vestibular.

Completa o conjunto de organizações do ramo de consumo a Cooperativa de Soluções Inovadoras para Profissionais Contábeis (Coopercont), que oferece cursos e treinamentos, apoio para implantação de recursos tecnológicos e assessoria de marketing para escritórios e trabalhadores do ramo de contabilidade divulgarem os serviços de forma profissional.

Casas holandesas no Parque Histórico de Carambeí que fazem parte dos roteiros turísticos da Cooptur

Sistema Ocepar

UM OLHAR ATENTO PARA O DESENVOLVIMENTO DO PARANÁ

A sede do Sindicato e Organização das Cooperativas do Estado do Paraná (Ocepar) simboliza a força de uma organização que hoje supervisiona, orienta e apoia a atuação de 217 cooperativas paranaenses. O prédio, de 1.771 m^2, tem três andares, onde trabalham 97 funcionários, que acompanham não só o dia a dia das cooperativas do Estado como cuidam das relações com o governo e outras entidades de âmbito estadual e nacional.

Mais do que o edifício, construir a ideia de uma entidade que luta pelo desenvolvimento do cooperativismo foi tarefa árdua, que envolveu muitas lideranças, perseverança e dedicação. A partir de 1909, muitas cooperativas foram criadas no Paraná em diferentes setores estimuladas pelos ciclos econômicos do mate, da madeira e do café. O Instituto Brasileiro do Café (IBC) chegou a incentivar a formação de várias delas para apoiar a produção. Mas, dessa fase, poucas sobreviveram.[1]

1 Mais detalhes da formação das cooperativas no capítulo *A Força Econômica das Cooperativas*, pp. 94-137.

Sede da Ocepar, bairro do Centro Cívico, Curitiba, inaugurada em 2006

Reorganizando o setor

Na década de 1960, novas cooperativas surgiram em várias regiões do Paraná. Algumas formadas por colonos oriundos de outros Estados ou ex-associados das cooperativas de mate, outras por extensionistas da Associação dos Cafeicultores da Região de Patrocínio (Acarpa). No entanto, muitas competiam pela mesma área de atuação e não conseguiam desenvolver-se.

Cabia ao Instituto Nacional de Desenvolvimento Agrário (Inda)[2] o fomento e a fiscalização do cooperativismo agropecuário. Em 1964, o engenheiro agrônomo Silvio Galdino de Carvalho Lima assumiu a coordenação do Inda no Paraná e aproximou-se das instituições que atuavam direta ou indiretamente com o cooperativismo: a Acarpa e o Departamento de Assuntos Cooperativistas (DAC) da Secretaria da Agricultura do Paraná.

O alemão Henry Gerber, um dos implantadores do cooperativismo no Paraná

Em 1965, chega ao Brasil Henry H. Gerber[3], por força de convênio celebrado entre o governo brasileiro e a Agência dos Estados Unidos para o Desenvolvimento Internacional (Usaid)[4]. Alemão naturalizado norte-americano e conhecedor do cooperativismo, havia atuado no Sudeste Asiático durante a Segunda Guerra Mundial.

Gerber foi convidado a assessorar o desenvolvimento das cooperativas nos Estados do Sul. Depois de percorrer a região, entendeu que o Paraná apresentava as melhores condições para desenvolver o trabalho. Acabou se instalando no Inda como assessor do coordenador Carvalho Lima. A partir de então, passou a participar das reuniões com a Acarpa e o DAC.

Após algumas rodadas de discussão em 1966, as três instituições resolveram criar, informalmente, o Conselho de Coordenação e Fomento ao Cooperativismo do Paraná (Cofep), cuja finalidade era manter uma equipe de trabalho, em regime de mútua colaboração, para orientar o desenvolvimento do cooperativismo no Estado. A partir de então, todas as decisões importantes eram tomadas pelos integrantes do Cofep, com a assessoria de Gerber.

Gerber prestou outro relevante serviço ao cooperativismo do Paraná quando conseguiu ajuda da Fundação Friedrich Naumann, da Alemanha, que na época estava para encerrar as atividades no Brasil. Em uma das viagens, encontrou um representante da fundação e o convenceu a conhecer o projeto de reorganização do coope-

2 O Incra foi criado em 09/07/1970, substituindo o Inda.

3 Nasceu em Berlim em 07/07/1907. Bacharel em Ciências Políticas, em 1938, escapou do regime nazista e, em 1939, seguiu para a Tailândia com esposa e filho, onde viveu até 1947, quando imigrou para os EUA. Gerber assessorou o Instituto Nacional de Desenvolvimento Agrário (Inda) no Paraná na fase de organização do cooperativismo no Estado entre 1966 e 1971, quando foi constituída a Ocepar.

4 Usaid – United States Agency for International Development.

rativismo paranaense. Essa iniciativa possibilitou importante apoio financeiro da instituição para os projetos de formação e auditoria das cooperativas.

Pioneirismo

Dentre as cooperativas surgidas nas primeiras décadas dos anos 1900 no Estado do Paraná, destacam-se as seguintes.

• Cooperativa Mista 26 de Outubro, que chegou a ter 5.792 associados no início de 1949. Originou-se da Associação Beneficente 26 de Outubro, organizada em 1906, no município de Ponta Grossa, por um grupo de ferroviários.

• Cooperativa Florestal Paranaense, constituída em 1909 por industriais da madeira, que conseguiram melhorar os preços regulando e educando o mercado consumidor.

• Cooperativa Agrária de Responsabilidade Limitada Liberdade, surgida em Vera-Guarani, atual município de Paulo Frontin. Com 33 associados, foi a primeira a registrar-se de acordo com o que determinava o Decreto-Lei nº 581 de 1938.

• Associação Mutualismo Beneficente dos Ferroviários, transformada em Cooperativa dos Ferroviários Ltda. em 1938, chegando a ter mais de 3 mil associados em 1953.

• Cooperativa Agrícola Três Barras Ltda., no município de Assaí, constituída por imigrantes japoneses. Possuía 877 associados em 1951.

Estudo de campo

Para subsidiar a reorganização das cooperativas, o Inda fez um levantamento da real situação do setor no relatório *Sinopse do Cooperativismo Paranaense*, publicado no início de 1970. O estudo, coordenado pelo agrônomo Wilson Thiesen, indicou a existência na época de 138 cooperativas de primeiro grau, três centrais e uma federação. Segundo Thiesen, muitas associações pesquisadas jamais chegaram a funcionar, pois tinham sido constituídas com objetivos eleitoreiros. As 142 cooperativas existentes somavam 61.428 integrantes, com média de 432 associados por entidade, o que era um número muito pequeno para viabilizar o setor.

Primeira sede da Ocepar (1972-1973), em prédio cedido pela Agro-Mate. Aquarela de 2017 de Rubens Genaro

A atuação do Inda em apoio ao cooperativismo no Paraná não foi uma ação isolada, mas seguia as diretrizes nacionais estabelecidas pelo Ministério da Agricultura. Foi o próprio ministro da Agricultura à época, Luiz Fernando Lima, que sugeriu a fusão das duas instituições de representação cooperativista em âmbito nacional, a Associação Brasileira de Cooperativas (Abcoop) e a União Nacional de Cooperativas (Unasco). Ambas foram extintas durante o IV Congresso Brasileiro de Cooperativismo, realizado em 02/12/1969 em Belo Horizonte, sendo no lugar criada a Organização das Cooperativas Brasileiras (OCB). No congresso, sugeriu-se também a existência de uma única organização representativa em cada Estado.

O Cofep e o Projeto Iguaçu de Cooperativismo

No Paraná, foi constituído um grupo que se reunia periodicamente para estudar os passos a ser dados na reorganização do sistema e que decidiu lançar, em 18/11/1970, o Projeto Iguaçu de Cooperativismo (PIC), um plano de reorganização que incluiu a criação da Ocepar e da Associação de Orientação das Cooperativas do Estado do Paraná (Assocep).

A área de abrangência do PIC deveria conter uma rede de cooperativas distribuídas da melhor forma possível. O objetivo era fortalecer as entidades com boa saúde financeira e desestimular as que se mostravam inviáveis, de modo que os municípios ficassem adequadamente atendidos.

As cooperativas apoiadas, por ser consideradas viáveis, foram: Sul Brasil, de Guaíra; Camilas, de Laranjeiras do Sul; Coasul, de São João; Camdul, de Dois Vizinhos; Capeg, de Pato Branco; Coopersabadi, de Barracão; Comasil (atual Lar), de Medianeira; Copagril, de Marechal Cândido Rondon; e Campal (atual C. Vale), de Palotina.

Seriam fundadas mais duas cooperativas, uma em Capanema (Coagro) e outra em Cascavel (Coopavel). Sugeriu-se que a cooperativa do distrito de Cafelândia (Copacol) fosse incorporada por alguma outra, mas os associados, liderados pelo padre Luís Luise, não aceitaram, preferindo dinamizá-la com apoio da Acarpa.

Grupo de trabalho do Projeto Iguaçu de Cooperativismo (PIC), em reunião com representantes do Incra, Ocepar e DAC em 1972, em Dois Vizinhos, no sudoeste do Paraná

Patronos da construção do cooperativismo no Paraná

Durante a fase de organização, antes mesmo da constituição da Ocepar, e expansão, muitas instituições e dirigentes deram substancial contribuição ao cooperativismo

- **Inda/Incra**
Silvio Galdino de Carvalho Lima, Wilson Thiesen, Vitoldo Paul, Tadeu Duda, além do assessor Henry Gerber

- **Acarpa**
Carlos Rodolfo V. Krueger, Dulio José de Paula, Hans Henning Gunter, Silvio Tedeo, Airton Empinotti

- **Bom Jesus**
Benjamim Hammerschmidt

- **DAC** (Secretaria da Agricultura)
Ênio Marques Ferreira, Eolo Branbilla Pinto

- **CAC-CC/Cotia Sul**
Guntolf van Kaick

- **Cotia Norte**
Takeshi Nishiyamna

- **Batavo**
Keimp van der Meer

- **Coopagra**
Leonardo Spadin

- **Central Agrária**
Mathias Leh

- **Agro-Mate**
Romeu Berger, Osíris Dalla Bona

- **CCLPL**
Willian Vriesmann

- **CTRIN** (Banco do Brasil)
Eloy Gomes

- **CFP**
Norberto da Silva Ratto

O papel dos agentes financeiros públicos, especialmente o Banco do Brasil, no fornecimento de crédito e apoio na comercialização favoreceu a capitalização das instituições. A compra do trigo era feita pelo governo para apoiar a produção, e os extensionistas da Acarpa atuavam na orientação técnica a agricultores e cooperativas.

Constituição da Ocepar

Após muitas reuniões de planejamento, em novembro de 1970, o Instituto Nacional de Colonização e Reforma Agrária (Incra) encaminhou a todas as cooperativas paranaenses convite para participar do 3º Encontro de Dirigentes Cooperativistas, programado para 02/04/1971.

O evento seria realizado no auditório da Cooperativa Agro-Mate em Curitiba. O objetivo principal era discutir e aprovar os estatutos da Ocepar, as taxas de contribuição e realizar assembleia para eleição e posse da diretoria.

Na data agendada, compareceram ao encontro 86 dirigentes e profissionais de 37 cooperativas, além de representantes da OCB, Incra, Emater,[5] Secretaria da Agricultura, Banco do Brasil e Companhia Paranaense de Energia (Copel). Também estavam presentes dois convidados ilustres: Uwe Johannen, da Fundação Friedrich Naumann (Alemanha), e Henry Gerber, do escritório da Usaid (EUA) no Paraná.

Durante as reuniões preparatórias, os representantes das instituições e dirigentes de coo-

5 Emater é uma instituição/autarquia existente em todos os Estados da Federação e no Distrito Federal. Na época, no Paraná chamava-se Empresa de Assistência Técnica e Extensão Rural. Hoje, a Emater tem outro nome: Instituto Paranaense de Assistência Técnica e Extensão Rural.

perativas haviam chegado a um consenso sobre o nome a ser indicado na AGO para presidir a Ocepar: Benjamim Hammerschmidt, engenheiro agrônomo, funcionário da Acarpa e presidente da Cooperativa Mista Bom Jesus, da Lapa. No entanto, Hammerschmidt não compareceu à AGO, de sorte que a escolha acabou recaindo, por aprovação geral, sobre outro engenheiro agrônomo, Guntolf van Kaick.

Passada a surpresa da eleição, no dia seguinte Van Kaick presidiu a assembleia de constituição da Assocep, que atuaria em projetos de auditoria e formação com apoio da Fundação Friedrich Naumann. O trabalho da fundação na época se assemelhava ao que realiza hoje o Serviço Nacional de Aprendizagem do Cooperativismo (Sescoop). A Assocep e a Fundação Naumann deveriam liderar, a partir de então, ações para o desenvolvimento do cooperativismo no Paraná.

A primeira diretoria da Ocepar foi constituída por líderes de diferentes regiões do Paraná, como forma de mostrar atenção especial com as associadas do interior.

Segunda sede da Ocepar, em casa alugada na Rua Buenos Aires, bairro Batel, Curitiba (1973-1975)
Aquarela de 2017 de Rubens Genaro

Primeiros passos da Ocepar

A missão não seria fácil. Em entrevista concedida à revista *Paraná Cooperativo*[6] por ocasião do 40º aniversário da Ocepar, em março de 2011, Van Kaick afirmou que o início da empreitada fora de muita carência: "Não havia nada, começamos do zero. A Agro-Mate cedeu espaço para que pudéssemos funcionar. Depois negociamos com a Acarpa, atual Emater, a cessão, por meio período, de um técnico que pudesse ajudar a montar uma estrutura mínima. Eu, na qualidade de presidente, mantinha atuação como responsável técnico na Cotia e tinha de cumprir a jornada de trabalho. Na Ocepar, era uma jornada de entidade de classe, em geral fora do expediente, ou seja, não havia como ter dedicação exclusiva. Percebemos então que a intenção era muito boa, mas a prática era muito complicada".

A contribuição cooperativista não ocorria da forma esperada, e os recursos eram insuficientes para manter a estrutura mínima.

A constituição do Fundo de Desenvolvimento de Pesquisa do Trigo (Fundespe) e do Fundo Cooperativo de Garantia contra o Granizo foi a opção encontrada para garantir o funcionamento da Ocepar. O Fundespe, aprovado na Assembleia-Geral Extraordinária de 17/12/1971, era formado com recursos oriundos do recolhimento de 0,4% sobre o valor do trigo comercializado pelas associadas, que ficava com a Ocepar. As cooperativas respondiam por 86% da produção do trigo comercializado no Paraná. O restante estava nas mãos de produtores e empresas independentes.

6 PARANÁ COOPERATIVO. Entrevista. Guntolf van Kaick. *Ano* 6, nº 66, março 2011, Disponível em: http://www.paranacooperativo.coop.br/PPC/images/Comunicacao/2017/revista/2011/rev_N66_mar_2011.pdf. Acesso em: 10 out. 2021, p. 7.

PRIMEIRA DIRETORIA DA OCEPAR		
Presidente	Guntolf van Kaick	Coop. Agrícola de Cotia Sul do Paraná
Vice-presidente	Keimpe van der Meer	Coop. Central de Laticínios do Paraná
1° Secretário	Osiris Dalla Bona	Coop. Agro-Mate Paraná
2° Secretário	Jaury Souza	Coop. Agropecuária Guarany
1° Tesoureiro	Romeu Berger	Coop. Agro-Mate Paraná
2° Tesoureiro	Eduardo Giovannetti	Coop. Consumo Cia. Cacique de Café Solúvel
Conselho Fiscal Titulares	Mieczyslaw Michalak	Coop. Agrícola Irati
	Mathias Leh	Coop. Central Agrária de Guarapuava
	Sigesfredo Euclides Anschau	Coop. Agrícola do Oeste
Conselho Fiscal Suplentes	Ghiberti José Refosco	Coop. Agropecuária Mista Laranjeiras do Sul
	Plinio Kleemann	Coop. Agrícola Mista Rondon
	Hendrik Adrianus Kooy	Coop. Agropecuária Batavo

O Fundo do Granizo, também aprovado na AGE de 17/12/1971, era formado pelo recolhimento de Cr$ 2,00 (cruzados) por saca de semente de trigo comercializada. O valor era depositado no Banco do Brasil, em conta específica da Ocepar. As dezenove cooperativas que operavam com trigo aderiram ao fundo.

A Assocep, para poder iniciar as atividades logo após a constituição, recebeu um auxílio do Incra no valor de Cr$ 11 milhões. A verba da Fundação Friedrich Naumann só viria no segundo semestre do ano seguinte. Os cursos de *trainee* em Gerência de Cooperativas realizados pela Assocep ficaram famosos pelo número de profissionais formados e pela sistemática adotada. Os cursos eram patrocinados, mas os candidatos tinham de comprometer-se a trabalhar durante 24 meses em cooperativas, prestando serviços remunerados. Para tanto, assinavam um contrato que previa multa rescisória em caso de descumprimento do estabelecido.

Terceira sede da Ocepar, já em imóvel próprio, na Avenida Cândido Abreu, bairro Centro Cívico, Curitiba

Nota: em abril de 1975, o então governador do Paraná, Jaime Canet (à esq.), descerra a faixa inaugural da primeira sede própria da Ocepar, na Avenida Cândido Abreu, em Curitiba. Ao centro, o então ministro da Agricultura, Alysson Paolinelli, e ao lado direito o presidente da Ocepar, Guntolf Van Kaick. Atrás do ombro esquerdo do governador está o presidente da OCB na época, Antonio José Rodrigues (pai do ex-ministro da Agricultura Roberto Rodrigues)

A ESTRUTURA DO SISTEMA OCEPAR

O Sistema Ocepar é formado por três sociedades distintas sem fins lucrativos que, em estreita parceria, se dedicam à representação, fomento, desenvolvimento, capacitação e promoção social das cooperativas paranaenses: Ocepar, Federação e Organização das Cooperativas do Estado do Paraná (Fecoopar) e Sescoop/PR.

A Ocepar passou também a exercer funções de sindicato patronal das cooperativas paranaenses a partir de 1997. A Fecoopar, criada em 2004, é a entidade que congrega os sindicatos patronais das cooperativas, apoiando-os em ações de natureza trabalhista, negociação e fechamento de acordos e convenções coletivas de trabalho.

O Sescoop/PR começou a funcionar no Estado em outubro de 1999, atuando no monitoramento, formação profissional e promoção social no âmbito das cooperativas paranaenses.

SISTEMA OCEPAR		
Ocepar	**Fecoopar**	**Sescoop-PR**
Sindicato e Organização das Cooperativas do Estado do Paraná	Entidade que congrega os sindicatos patronais das cooperativas e os assessora em ações, acordos e convenções na Justiça do Trabalho	Órgão estadual do Serviço Nacional de Aprendizagem do Cooperativismo

Autogestão para lidar com crises

A palavra *compliance* não era ainda usual no Paraná, mas as cooperativas na década de 1970 já começavam a discutir o assunto. Era preciso dispor de mecanismos que prevenissem os problemas de gestão do sistema e definissem métodos para resolvê-los.

Os dirigentes da Ocepar perceberam a importância da autogestão e atuaram para seu aperfeiçoamento, apesar de o cooperativismo estar sob tutela estatal. Em novembro de 1982, foi implantado o Projeto Piloto de Autofiscalização, num entendimento que envolveu o órgão estatal encarregado da fiscalização (Incra), a Secretaria da Agricultura, a OCB e a Ocepar. Pelo projeto, o Incra outorgava à Ocepar as ações de orientação e fiscalização.

A autogestão ganhou impulso nacional com aprovação da Constituição de 1988, que extinguiu a interferência estatal nas cooperativas, passando a responsabilidade da fiscalização e orientação ao próprio sistema. A OCB criou, em 1990, a primeira Comissão de Autogestão,[7] encarregada de promover estudos e sugestões sobre o tema. Os membros da comissão viajaram à Europa para colher subsídios sobre o funcionamento da autogestão cooperativista, orientando as ações nacionais da OCB na área.

Um dos trabalhos mais importantes realizados pelo programa foi a elaboração, no final da década de 1990, dos planos de recuperação econômica e financeira de cooperativas que estavam em situação crítica em consequência dos malogrados planos econômicos do governo federal de então. Foram orientadas 39 cooperativas no Programa de Revitalização de Cooperativas de Produção Agropecuária (Recoop). Após a implantação do Sescoop/PR, o Programa de Autogestão passou a oferecer um amplo leque de ações de apoio às cooperativas, como acompanhamento de gestão, formação de dirigentes e executivos e elaboração de projetos de desenvolvimento.

O Programa de Autogestão das Cooperativas do Paraná foi aprovado em AGE em 30/03/2000. A adesão não foi obrigatória, mas as cooperativas vêm aumentando a participação. No livro Cooperativismo Paranaense,[8] o ex-presidente da enti-

7 Composição da primeira Comissão de Autogestão da OCB: Paulo Moura (OCB), José Norberto Kretzer (Ocesc), Newton Amaral Cezar (Ocepe) e João Paulo Koslovski (Ocepar).

8 KOSLOVSKI, João Paulo. *Cooperativismo paranaense* - experiências, resultados e propostas. Curitiba: Sistema Ocepar, 2018, pp. 71,72 e 73.

dade João Paulo Koslovski justifica a necessidade do programa: "Muitas vezes, a omissão, o imediatismo dos cooperados e a falta de conhecimento dos princípios resultam em problemas cujas consequências acabam em perdas que têm que ser assumidas por todos". Koslovski prossegue: "Se tivéssemos nesses casos o instrumento da autogestão [...], teríamos ido ao quadro social expor os problemas e orientar sobre as opções existentes". E conclui: "O processo da autogestão deu às cooperativas do Paraná estabilidade, mesmo o programa não sendo obrigatório".

A entrada no programa precisa ser aprovada pelos associados em assembleia-geral. A cooperativa deve alterar os estatutos de modo a permitir a participação da Ocepar nas assembleias. Quando for o caso, a Ocepar pode interferir na administração, dentro dos objetivos do monitoramento, para garantir a transparência da gestão. Koslovski esclarece: "As ferramentas de controle devem ser entendidas como instrumentos de administração e não de mera fiscalização".[9]

Galeria de presidentes

A eleição de dirigentes idôneos, comprometidos com o desenvolvimento do cooperativismo, é tida como fundamento importante do bom desempenho da Ocepar ao longo desses cinquenta anos. Os presidentes, apesar das características próprias, sempre atuaram de forma a atender a contento às demandas surgidas no sistema cooperativista.

Os mandatos dos sete presidentes da Ocepar

Guntolf van Kaick
2 mandatos (1971-1973; 1973-1976)

Benjamin Hammerschmidt
2 mandatos, o segundo incompleto (1976-1978; 1979-1980)

Guntolf van Kaick
2 mandatos (1981-1984; 1984-1987)

Wilson Thiesen
2 mandatos, o segundo incompleto (1987-1990; 1990-1991)

Ignácio Aloysio Donel
1 mandato incompleto (1991 -1993)

Dick Carlos de Geus
1 mandato (1993-1996)

João Paulo Koslovski
6 mandatos, sendo o último incompleto (1996-2000; 2000-2003; 2003-2007; 2007-2011; 2011-2015; 2015-2016)

José Roberto Ricken
2 mandatos (2016-2019; 2019-2023)

9 KOSLOVSKI, op. cit., p. 73.

Guntolf van Kaick

Nasceu em 1935 em Serra Negra, distrito do município de Guaraqueçaba, litoral do Paraná. Filho de pai alemão e mãe nascida na colônia alemã de Tanga, na África (Namíbia), que imigraram para o Brasil nos anos 1920. Aqui, a família Vank Kaick sentiu na pele as consequências da Segunda Guerra: foram desalojados da propriedade rural de Serra Negra pela polícia brasileira e deixados na estação ferroviária em Curitiba, onde foram acolhidos por pessoas amigas. Guntolf estudava à noite e trabalhava de dia. Formou-se em Agronomia em 1959 e empregou-se na Associação de Crédito e Assistência Rural do Estado de Santa Catarina (Acaresc) em Chapecó. Trabalhou na Secretaria da Agricultura de São Paulo e depois na DuPont do Brasil, quando foi convidado em 1964 a entrar para a Cooperativa Agrícola de Cotia, indo atuar na região sul do Paraná.

Na primeira gestão como presidente da Ocepar, implantou o seguro contra o granizo, com recursos do fundo de pesquisa do trigo, além de realizar o primeiro convênio com o Instituto de Pesquisa de Experimentação Agropecuária Meridional (Ipeame). A segunda gestão foi marcada por iniciativas como a aquisição da indústria de leite Kamby, de Londrina, por um grupo de cooperativas; implantação do Projeto Piloto de Autofiscalização; criação do Comitê Pró-Constituição das Cooperativas de Crédito; e constituição da Cooperativa Central de Crédito do Estado do Paraná (Cocecrer-PR).

Van Kaick presidiu a Ocepar em quatro gestões: a primeira de 1971-1973 e a segunda de 1973-1976. Foi sucedido por Benjamim Hammerschmidt e retornou para exercer mais dois mandatos: de 1981-1984 e de 1984-1987.

Benjamim Hammerschmidt

Nascido na Lapa, cidade a 71 km de Curitiba, em 20/01/1934, formou-se engenheiro agrônomo pela Universidade Federal do Paraná (UFPR) e fez mestrado em Economia Rural na Universidade Federal de Viçosa (UFV), Minas Gerais. Exerceu também cargos no associativismo e no sindicalismo, tendo sido vice-presidente da Associação dos Engenheiros Agrônomos do Paraná (AEAPR) e presidente do Sindicato Rural da Lapa. Em 1961, fundou a Cooperativa Rural de União da Vitória e foi presidente da Cooperativa Mista Bom Jesus, na Lapa.

Ocupou a presidência da Ocepar por dois mandatos seguidos: 1976-1979 e 1979-1981. Não pôde completar o segundo mandato porque assumiu o cargo de diretor técnico da OCB. Foi sucedido então na Ocepar por Guntolf van Kaick. Durante a gestão, Benjamin expandiu o Programa de Pesquisa e iniciou as negociações para a construção das instalações nos municípios paranaenses de Cascavel e Palotina.

Depois da OCB, foi nomeado diretor do Banco Nacional de Crédito Cooperativo (BNCC) e presidiu a Cooperativa Central Agropecuária (Cocap). Benjamin implantou os comitês educativos e auxiliou na formação de inúmeros profissionais que atuaram na extensão rural e no cooperativismo. Deixou um legado de trabalho e dedicação, um exemplo para as atuais e futuras gerações de líderes cooperativistas. Faleceu em agosto de 2003.

Wilson Thiesen

Formado em Agronomia, iniciou a vida profissional no Instituto Nacional de Desenvolvimento Agrário (Inda/Incra), quando houve a reorganização do sistema cooperativista. Exerceu diversos cargos na área pública e no cooperativismo antes de assumir a presidência da Ocepar, em 1987, em momento de extrema dificuldade para a economia e para a agropecuária. Na sua gestão, foi conquistado o fim do monopólio estatal na produção e comercialização de sementes de algodão, quando se elaborava a Constituinte Estadual, com inserção de cláusulas de apoio ao cooperativismo.

Thiesen promoveu inúmeras reuniões com autoridades em busca de soluções para os problemas do setor. Um dos fatos mais importantes ocorridos em âmbito nacional à época foi a Constituinte Federal, que teve grande envolvimento do cooperativismo paranaense. Com o objetivo de pressionar o governo na solução da crise na agricultura, em 1989 foi promovida a Marcha sobre Brasília, com a presença de milhares de agricultores na capital federal. Nesse período, ocorreu a aprovação do Programa de Autogestão, a Cocecrer começou a funcionar e foi instituído o Programa de Formação de Dirigentes e Gerentes de Cooperativas (Formacoop). Em Cascavel, foi inaugurado o Centro de Treinamento Friedrich Naumann. Reeleito em 1990, Thiesen deixou a Ocepar um ano depois, sem concluir o mandato, para presidir a OCB. Depois da OCB, continuou prestando serviços à Ocepar até 2017.

Ignácio Aloysio Donel

Gaúcho de Cerro Largo (RS), Donel chegou ao Paraná em 1965. Foi presidente da Cooperativa Agropecuária Três Fronteiras (Cotrefal, hoje Cooperativa Lar). Teve também papel de destaque na defesa dos cooperados afetados com a construção das barragens do Lago de Itaipu (PR), na mobilização pela abertura da Estrada do Colono e em inúmeras atividades comunitárias.

Donel assumiu a presidência da Ocepar, ficando no cargo apenas dois anos, de 1991 a 1993. Nesse período, entretanto, cumpriu duas missões importantes: criou os cinco núcleos cooperativos regionais, quando passaram a ser realizadas duas rodadas de reuniões por ano; e organizou o cooperativismo de crédito, preparando-o para início das operações após a autorização da criação do sistema.

Foi também presidente do Sicredi-PR, que surgiu como Cooperativa de Crédito Rural de Maringá Ltda. (Credimar). Como presidente da Ocepar e também da Cooperativa Central de Crédito Rural do Estado de São Paulo (Coocecrer), Donel teve mais facilidades em gerir as questões relacionadas às cooperativas de crédito. Na sua administração, foi aprovado o Projeto Piloto de Autofiscalização: "Se não estivéssemos organizados em torno da Ocepar, o cooperativismo de crédito não existiria", ressaltava em entrevista à revista *Paraná Cooperativo* em 2011, mostrando-se contente com a própria atuação: "Acompanhei o amadurecimento do sistema cooperativista paranaense. Dediquei a minha vida ao cooperativismo e me sinto satisfeito e feliz com o que foi realizado".[10]

10 PARANÁ COOPERATIVO. Coesão e representatividade. *Ano* 6, nº 66, março 2011, Disponível em: http://www.paranacooperativo.coop.br/PPC/images/Comunicacao/2017/revista/2011/rev_N66_mar_2011.pdf . Acesso em: 10 out. 2021, p. 20.

Dick Carlos de Geus

Presidiu a Ocepar de 1993 a 1996, num período econômico ainda conturbado, com as cooperativas sofrendo as consequências da hiperinflação. Na sua gestão, o agronegócio continuou pressionando o governo federal para adotar uma política de apoio ao setor. Em Curitiba, milhares de agricultores se reuniram no clube Círculo Militar do Paraná, repetindo um movimento de protesto feito em todo o Brasil. A Comissão Parlamentar Mista de Inquérito (CPMI) realizada em 1993 apontou mais de uma dezena de ações adotadas pelas autoridades que provocaram o endividamento das empresas do setor agropecuário e a inviabilidade de milhares delas.

A situação era tão caótica que o governo Itamar Franco produziu o que se chamou de "safra de ministros", com nove titulares na Pasta da Agricultura entre 1992 e 1995. Em julho de 1995, nova marcha sobre Brasília foi organizada, com mais de 600 caminhões estacionando nas ruas centrais da capital federal. De Geus também defendeu que a Ocepar, por ter tantas atribuições, precisava de um presidente executivo contratado, para dar expediente em tempo integral, o que ocorreria ao final de sua gestão. Até então, os presidentes da Ocepar dividiam o cargo com a função na cooperativa de origem. Foi o caso de Dick Carlos de Geus, que tinha atribuições no grupo Batavo.

João Paulo Koslovski

Engenheiro agrônomo, começou a atuar na Ocepar em 1976, como diretor executivo na gestão de Benjamim Hammerschmidt, com quem havia trabalhado desde 1973 na Cooperativa Mista Bom Jesus, na Lapa. Entre as ações que executou na presidência da Ocepar, provavelmente a mais importante foi a renegociação do passivo das cooperativas, ocorrido em consequência dos planos econômicos. Eleito primeiro presidente executivo da Ocepar em 1996, Koslovski tinha experiência em gestão de resultados, apesar dos sérios problemas econômicos vividos pelo setor.

Fez dezenas de viagens a Brasília e, em interlocução com autoridades do governo, parlamentares e dirigentes da OCB, liderou a aprovação do Recoop e a criação do Sescoop. A partir daí, o cooperativismo não seria mais o mesmo, dando um salto de modernidade, desenvolvimento e grande crescimento. O Sescoop propiciou a formação e aperfeiçoamento de milhares de profissionais e dirigentes de cooperativas, preparando-os para as exigências dos tempos modernos. A própria Ocepar ampliou o número de profissionais, para dar atendimento adequado à crescente demanda de serviços pelas filiadas.

Koslovski foi o primeiro presidente executivo contratado da Ocepar a partir de 2002, implantando a profissionalização e modernização da gestão. Ocupou a presidência durante seis mandatos consecutivos, de 1996 a 2016. Por razões pessoais, deixou o cargo em 2016, sem concluir a última gestão.

José Roberto Ricken

Técnico agropecuário e engenheiro agrônomo, José Roberto Ricken tornou-se o sétimo cooperativista a assumir a presidência da Ocepar. A mudança no comando da organização foi homologada durante a AGO da Ocepar de 01/04/2019 na sede da entidade, em Curitiba. Ricken iniciou a vida profissional como extensionista local da Emater Paraná, em Palotina, atuando na assessoria de cooperativismo na atual C.Vale. Em seguida foi para a OCB, onde estruturou o departamento técnico-econômico e foi gerente entre 10/1983 e 04/1988.

Entrou na Ocepar em 1988 como assessor no departamento técnico-econômico e a partir de 1991 gerenciou a implantação do Programa de Autogestão, atuando ali até 1996, quando assumiu a superintendência da organização. Nessa função, foi preparado por Koslovski para substituí-lo na presidência.

Na gestão de Roberto Rodrigues no Ministério da Agricultura, Ricken atuou como assessor especial do ministro, entre 02/2003 e 05/2004, quando ocupou o cargo de diretor do Departamento de Cooperativismo e Associativismo Rural do Mapa (Denacoop).

Como presidente da Ocepar, Ricken deu continuidade ao Plano Paraná Cooperativo 100 e a demais ações visando ao crescimento do sistema cooperativista. No ano em que a entidade completa o cinquentenário (2021), Ricken lidera um sistema que terá como desafio dobrar o faturamento dos atuais R$ 115 bilhões com um novo planejamento estratégico – o Programa Paraná Cooperativo 200 (PRC200).

Em julho de 2021, quando foi publicada esta edição do livro *Paraná Cooperativo: modelo econômico e social*, José Roberto Ricken estava no segundo mandato na presidência da Ocepar.

Ocepar
Sescoop
Fecoopar

A CONTRIBUIÇÃO DOS IMIGRANTES

A população do Paraná se constituiu com a ocorrência de diversos fluxos migratórios, que se intensificaram a partir de 1850, quando a região conquistou independência e deixou de ser parte da província de São Paulo. Entre os anos de 1853 e 1886, o Paraná recebeu aproximadamente 20 mil imigrantes. Famílias inteiras chegavam em busca de melhores condições vindas de países como Alemanha, Argentina, Espanha, Holanda, Itália, Japão, Oriente Médio, Polônia, Portugal, Ucrânia, o que resultou numa extraordinária pluralidade cultural. Neste capítulo, ressaltam-se as influências mais notáveis dos imigrantes na construção do cooperativismo no Estado, em especial de origem holandesa, germânica, japonesa e ucraniana.

Parque Histórico de Carambeí, inaugurado em 2011, preserva casas e modo de vida dos primeiros imigrantes

HOLANDESES

Um novo começo na terra prometida

Chegada de famílias da Holanda ao Porto de Santos em 1952

Os primeiros imigrantes holandeses aportaram no Brasil durante o reinado de D. Pedro II, atraídos pelo programa de incentivo brasileiro em busca de mão de obra qualificada para a agricultura no exterior em 1858, estabelecendo-se no Estado do Espírito Santo. Mais tarde houve um pico de imigração entre 1899 e 1940. Logo, a Europa enfrentaria os desatinos da Segunda Guerra Mundial. Com o armistício, desceram no Porto de Santos, entre 1950 e 1954, holandeses oriundos de uma Europa ainda convalescente das dores do sangrento conflito global. Eles traziam no peito a esperança de começar uma nova vida em terras brasileiras. Eram mais de 6 mil batavos, carregando consigo tratores, equipamentos e ferramentas agrícolas e cabeças de gado. A maioria ficou no Estado de São Paulo.

Dessa leva, quatro grupos de famílias decidiram dirigir-se ao município de Castro, no Estado do Paraná. E logo, numa área de 5 mil hectares, nascia a Colônia e a Cooperativa Castrolanda - junção do nome do município de Castro ao nome da terra natal dos imigrantes. Essas famílias introduziram ali uma incipiente infraestrutura de produção de leite e agricultura.

Desembarque de gado da raça holandesa no Porto de Santos em 1958

Trabalhadores da construção da Estrada de Ferro São Paulo-Rio Grande (1908-1910)

Vinham embalados pelo sonho de encontrar um local pacífico para viver e muita terra para si e seus filhos, mas depararam com enormes dificuldades. Não havia eletricidade nem água potável. Tiveram de cavar poços, abrir caminhos, lidar com a falta de assistência aos animais, além de enfrentar a barreira da língua.

As adversidades por que passaram as famílias que rumavam para Castro no pós-Guerra já haviam sido enfrentadas pelos primeiros imigrantes que chegaram ao Paraná em 1909 e tentaram estabelecer-se no distrito de Gonçalves Júnior, município de Irati. A região era de mata fechada e não havia estrutura para desenvolver a produção. Os pioneiros passaram fome e sofreram com pragas e doenças entre outras atribulações. Muitos voltaram para o país de origem.

Os que decidiram ficar receberam uma proposta da holding Brazil Railway Company, empresa do norte-americano Percival Farquhar, que encampou a Companhia de Estrada de Ferro São Paulo-Rio Grande (EFSPRG), também conhecida como Itararé-Uruguai, cuja Linha Sul estava sendo iniciada na época para alcançar o Rio Grande do Sul. Para cada família, a companhia oferecia casa, um lote de terra para cultivo, sementes e adubos para o primeiro plantio, uma canga de bois e pelo menos três vacas leiteiras – podendo ser maior a quantidade de acordo com a capacidade da família de manter os animais.

Pelo contrato, os colonos tinham de vender toda a produção para a Brasil Railway Company. A empresa precisava de alimentos para os quase 8 mil trabalhadores da ferrovia. Assim, em 1911, o primeiro grupo, com 52 holandeses, mudou-se para o loteamento denominado Colônia Carambehy (na grafia atual, Carambeí), palavra de origem tupi-guarani que significa “rio das tartarugas”.

O eixo principal da ferrovia que atravessou o Paraná começou a ser construído em 1894 a partir de Ponta Grossa. O trecho de Ponta Grossa a Itararé (SP) foi entregue em 1908. O outro trecho de Ponta Grossa em direção ao sul, passando por União da Vitória (PR) e Porto União (SC) e que se estendeu até a fronteira de SC com RS foi inaugurado em 1909. Fonte Ralph Mennucci Giesbrecht

Antiga estação de trem da época, uma das atrações do Parque Histórico de Carambeí

Ford 1929, usado para o transporte de leite e assistência aos cooperados da Batavo na década de 1940

Em pouco tempo, os imigrantes já dominavam os segredos para lidar com a terra. A produção de leite foi impulsionada pela necessidade de atender à demanda da ferrovia. O excedente virava queijo, que, nos anos seguintes, passou a ser comercializado. Em 1925, os imigrantes fundaram a Sociedade Cooperativa Hollandeza, a primeira do gênero no Brasil, quando o país ainda nem possuía legislação específica para esse modelo de associação comercial e industrial.

No início dos anos 1920, três famílias fabricavam queijos em Carambeí: De Geus, Los e Leendert Verschoor. Todos tinham a mesma fé religiosa, além de ser vizinhos e amigos.

Para unir forças na comercialização, em 1925 decidiram criar a Sociedade Hollandeza de Laticínios, com 7 associados e produção de 700 litros de leite por dia. Era o embrião da primeira cooperativa de produção do Brasil que surgia, sucedendo a empresa De Geus & Cia.

Em 1941, a sociedade mudou a razão social para Cooperativa Mista Batavo Ltda. A palavra Batavo é derivada do latim *batavi*, que designava os povos germânicos habitantes da região dos Países Baixos reconhecidos pela força e organização militar. Com a produção crescente, em 1° de março de 1954 surge a Cooperativa Central de Laticínios do Paraná Ltda. (CCLPL), que mais tarde passou a criar e comercializar frangos e suínos.

Em agosto de 2015, por questão de reposicionamento no mercado, a cooperativa Batavo passou a chamar-se Frisia Cooperativa Agroindustrial, homenagem à província de mesmo nome na região de origem dos holandeses, ao norte dos Países Baixos[1].

1 Ver no capítulo *A Força Econômica das Cooperativas* (pp. 94-137) detalhes de como a Batavo se transformou na Cooperativa Frísia.

Fábrica de queijos da Batavo na década de 1940

Um parque em homenagem à cultura holandesa

O modelo de urbanização e a arquitetura das residências em Carambeí têm forte influência holandesa: os tipos de telhado, a distribuição das residências nos terrenos, o paisagismo com muitas cercas vivas, canteiros e flores.

Com o passar do tempo, as lideranças empresariais perceberam a necessidade de reavivar a história e a cultura dos imigrantes, para que os traços culturais do povo fundador de Carambeí não se dissipassem. Assim, teve início um movimento que contou com a participação da cooperativa e da comunidade e culminou na criação do Parque Histórico de Carambeí.

Maior museu histórico a céu aberto do Brasil, o Parque Histórico de Carambeí logo se tornou a principal atração turística da região. Na área de 100 mil m^2, o visitante encontra o Parque das Águas e a reconstituição de uma vila que retrata em detalhes a vida dos primeiros imigrantes. As casas são erguidas seguindo a arquitetura da época, tendo janelas enfeitadas com cortinas rendadas e vasos de flores.

O parque também abriga móveis de madeira maciça, objetos, vestimentas, utensílios domésticos, ferramentas, fotografias, diários e livros que pertenceram aos primeiros colonizadores.

Culinária é outro destaque da cultura holandesa, especialmente na confeitaria, com tortas, bolos e doces preparados com receitas originais. Além de muito saborosa, a confeitaria holandesa se destaca pela beleza na apresentação.

Já os pratos salgados trazem a influência da Indonésia. Depois de quase dois séculos de convívio, os temperos típicos, ervas, especiarias e molhos picantes daquele país, assim como o modo de preparar os alimentos, foram assimilados e traduzidos nas receitas holandesas. Um bom exemplo é o frango assado com mel, especiarias e molho de amendoim[2].

Juntos, o Parque Histórico de Carambeí, a arquitetura, os doces típicos e as paisagens dos Campos Gerais passaram a atrair muitos turistas, gerando nova fonte de renda e trabalho na região.

2 A Indonésia fazia parte das Índias Orientais Holandesas, região que foi colônia da Holanda de 1800 a 1949.

Parque das Águas, inspirado no parque holandês Zaanche Schans: design criativo com vista ao desenvolvimento sustentável

A tradicional torta de maçã *(appeltaart)* consta do cardápio dos holandeses desde 1514

Kroketen é o que se conhece no Brasil como croquete de carne, e lumpia é equivalente do rolinho primavera recheado com carne de porco

Frikandel, espécie de salsicha frita, é um dos *snacks* mais populares da Holanda ▶

▼ Casa de um comerciante de melhor poder aquisitivo: a área de convivência ficava nos fundos, junto da cozinha

No Parque Histórico de Carambeí, canteiros e floreiras reproduzem os jardins dos imigrantes. Ao centro, réplica da primeira igreja evangélica

O passado revive em Castro

Em Castro, a 22 km de Carambeí, a comunidade também se uniu para homenagear a origem holandesa. Em 2001, quando a colônia completou 50 anos, foi inaugurado De Immigrant ("O Imigrante"), também conhecido como Memorial da Imigração Holandesa, de autoria do arquiteto Jan Heijdra. O enorme moinho de madeira (37 metros de altura), concluído somente em 2004, quando foram instaladas as pedras de moagem, é feito com um sistema de encaixes, sem necessidade de pregos ou parafusos. É uma réplica em tamanho original do Woldzigt de 1852, moinho situado na província de Drenthe, norte da Holanda, de onde saiu boa parte dos imigrantes. O moinho é preservado até hoje como atração turística.

O Imigrante, ou O Moinho, como também é chamado, abriga instalações para moagem, com pás movidas pelo vento, além de exposição histórica permanente, salão de eventos, café-restaurante, loja de artesanato e biblioteca.

O visitante também encontra objetos antigos de trabalho no campo e tratores das décadas de 1950 e 1960, utilizados pelos imigrantes.

Tratores a diesel utilizados pelos imigrantes. O inglês Super Power Fordson (1962), com motor de 4 cilindros e 50 CV, e o americano John Deere série 730 (1958), com 2 cilindros mas potência de 73 CV

O majestoso De Immigrant reina absoluto na paisagem

Trajes de festa de Volendan, região de pescadores na Holanda. O lenço vermelho do jovem é o *rode zakdoek*, sobre a camisa com seis botões usada pelos pescadores. A calça com dois botões era parte do uniforme de marinheiros do século XVII. A touca branca da moça (*hull*) é feita de renda branca. A toule é decorada com bordados, e a blusa combinando com a longa saia listrada (*rok*). Não poderiam faltar os tradicionais tamancos de madeira

Estação de Cachoeirinha, inaugurada em 1913

Arapoti, década de 1960: galões de leite recolhidos nas fazendas

Campos Floridos

O último grupo de famílias holandesas que imigraram para os Campos Gerais se estabeleceu a 872 metros de altitude, num município com apenas 1.308 quilômetros quadrados, onde já residiam cerca de 8 mil pessoas. O nome da cidade: Arapoti, palavra indígena que significa "campos floridos".

O distrito de Cachoeirinha, hoje município de Arapoti foi o lugar encontrado para fixar a terceira colônia holandesa do Paraná. "Quando chegamos não havia estrada, luz nem água. Mas logo passamos a nos estruturar, com a construção da igreja, da escola, um pequeno escritório como sede da cooperativa. As dificuldades eram muitas, mas sempre houve união, confiança e trabalho", relata no livro *Capal 50 Anos de História* o pecuarista Leendert Noordegraaf, que chegou ao Brasil com 11 anos junto com pai, mãe e seis irmãos. Em 19 de setembro de 1960, nascia a Cooperativa Agropecuária Arapoti Ltda., hoje Capal Cooperativa Agroindustrial.

No início dos anos 1990, com a crise inflacionária dos frustrados planos econômicos, a Capal enfrentava dificuldades. Como bancasse o produtor com recursos próprios e quase sem capital, beirava a insolvência. A adoção de uma gestão profissional com especialistas recrutados no mercado reverteu o quadro.

Os colonos que fundaram as três cooperativas - Batavo, Castrolanda e Capal - tinham experiência na lida com o gado e acabaram fazendo da região uma das maiores bacias leiteiras do país.

Colégio Cristão e a formação agropecuária

O Colégio Instituto Cristão de Castro é uma iniciativa que teve papel importante na preparação profissional dos jovens da região. O colégio virou centro de referência na formação de técnicos em agropecuária desde 1915, quando foi fundado pela Igreja Presbiteriana do Brasil. Hoje ocupa uma fazenda de 330 hectares com invejável infraestrutura para o desenvolvimento pessoal e profissional de jovens inclusive oriundos de países vizinhos.

Para sobreviver, a instituição sempre contou com auxílio financeiro do governo da Holanda, doações de particulares, entidades missionárias e contribuições permanentes de cooperativas holandesas, além dos recursos obtidos com a exploração de lavoura própria de soja, milho, feijão, horticultura, fruticultura e criação de gado leiteiro, aves e suínos.

Aula prática no Instituto Cristão em Castro

A cultura no esporte e nas festas

- **Zeskamp, a Olimpíada holandesa**

Uma festividade tradicional realizada anualmente pelos imigrantes holandeses no Brasil é o *Zeskamp* – a Olimpíada Intercolonial das Comunidades Holandesas. Trata-se de um evento esportivo de intercâmbio entre as colônias holandesas no Brasil – Holambra I e Holambra II em São Paulo, Castrolanda, Frisia e Arapoti no Paraná e Não

Prova da Olimpíada Zeskamp, realizada todos os anos em julho

"Dia do Rei" em Castrolanda

Me Toque no Rio Grande do Sul. *Zeskamp* significa "campo de seis" ou "seis campos", em função do número de provas disputadas e uma alusão às seis colônias de imigrantes.

A cada ano, uma das colônias sedia o evento, sempre no mês de julho, cujo principal objetivo é a salvaguarda da cultura holandesa, mantendo vivas as tradições e fortalecendo os laços de amizade entre os membros das seis comunidades.

• Oranjefeest, o Dia do Rei

A cultura holandesa nos Campos Gerais costuma celebrar também anualmente o Oranjefeest, comemoração em homenagem à família real da Holanda. O evento era conhecido como "Dia da Rainha" mas, em 2013, depois que a rainha Beatrix passou o trono para o filho, Willem-Alexander, a comemoração passou a chamar-se "Dia do Rei".

Na Castrolanda, a festa ao ar livre acontece na última semana de abril, durante um dia inteiro na Rua do Moinho, em frente ao Memorial da Imigração Holandesa. Com muitas barraquinhas semelhantes às encontradas na Holanda, há exibição de artesanato, comidas típicas, bazar de roupas, brinquedos e plantas. A cor laranja *(oranje* em holandês), que representa a Holanda, predomina em todos os motivos e na decoração da festa.

• Grupos folclóricos

A música e a dança da terra de origem permanecem vivas entre os imigrantes e descendentes de holandeses. Em 1953, logo após o desembarque, liderados pela professora Thillij Kleinschmidt, os jovens constituíram o Grupo Holandês em Tamancos. A partir de 1981, passou a ter personalidade jurídica com o nome de Grupo

Folclórico Holandês da Castrolanda. O objetivo é a preservação das danças tradicionais holandesas e a união dos membros da comunidade.

Inicialmente, as apresentações se concentravam em festas e eventos comemorativos na própria colônia. Depois, romperam os limites do município e passaram a animar festas em outras regiões. O grupo guarda com orgulho a lembrança de ter participado da recepção ao Príncipe Bernhard, esposo da Rainha Juliana da Holanda, no ano de 1959, e da recepção ao Príncipe Herdeiro dos Países Baixos, Willem-Alexander, quando visitou Castrolanda em 1998.

Em 2009, outra tradição holandesa foi incorporada às manifestações musicais folclóricas típicas: formou-se o *Boerenkoor* (Coral dos Fazendeiros). Trata-se de um coral composto apenas por homens que cantam músicas em holandês, utilizando o *draaiorgel* ("realejo") como instrumento de acompanhamento. A vestimenta típica do coral é macacão azul, tamancos amarelos e lenço vermelho, normalmente usada em fazendas na Holanda.

Grupo Folclórico Holandês da Castrolanda ▶

▼ Coral dos Fazendeiros (*Boerenkoor*): músicas em holandês acompanhadas por realejo

GERMÂNICOS

Os suábios que vieram da antiga Iugoslávia

Colheita de feno dos primeiros colonos suábios na região de Guarapuava

Os imigrantes alemães também têm papel importante na construção do cooperativismo paranaense. A Cooperativa Agrária foi fundada no distrito de Entre Rios, município de Guarapuava, no ano de 1951, pelos suábios, povo de origem alemã que residia até a Segunda Guerra Mundial na antiga Iugoslávia.

O governo do Paraná, sob controle na época de Bento Munhoz da Rocha Neto, ofereceu grandes áreas para criação extensiva de gado na região de Guarapuava. E assim começou a ser escrita a história da colonização suábia no centro-sul do Paraná. A 1.120 metros acima do nível do mar, tem chuvas bem distribuídas durante o ano, com a temperatura chegando a zero grau no inverno e a 30 graus Celsius no verão.

Os suábios são descendentes de alemães do começo do século XVIII que migraram para a bacia do médio Danúbio, antiga Iugoslávia (hoje Croácia, Sérvia, Hungria, Romênia), lá vivendo por 250 anos, quando transformaram a região em celeiro de grãos da Europa. Por causa dos conflitos da Segunda Guerra Mundial e da ascendência alemã, foram expulsos desses territórios e tiveram de refugiar-se em vários países entre 1944 e 1951.

Para o Brasil, imigraram na primeira leva 500 famílias, com boa experiência em agricultura. Roberto Essert, técnico do Museu Histórico de Entre Rios, relata: "Esses imigrantes já vieram dentro de um projeto prontos para trabalhar em sistema de cooperativa". Em 1951, chegaram sete grupos, em sete navios, num total de 2,5 mil pessoas, para ocupar os 22 mil hectares de terras situadas entre os rios Jordão e Pinhão. Os grupos foram divididos em cinco colônias. Cada uma ganhou escola, igreja, clube de encontros, armazém e campo de futebol.

Houve sérias dificuldades no início. Muitas moças e meninas foram para São Paulo trabalhar em confeitarias, hotéis ou como assistentes do lar e babás. Era preciso ajudar os pais a pagar as prestações da terra até que a produção começasse a fluir. Cerca de 50% dos imigrantes não suportaram as condições adversas e retornaram à Europa. Os que ficaram receberam mais assistência, como verba para erguer e manter escolas e professores, padres, crédito a juros baixos e prazos maiores.

Superadas as dificuldades econômicas das duas primeiras décadas, uma nova história começou a ser escrita. Hoje, a Cooperativa Agrária administra uma estrutura agroindustrial que trabalha não só com produção primária (soja, milho, trigo e cevada) como também farelo e óleo de soja, farinha de trigo, malte para cerveja, nutrição animal e artigos industrializados como *grits* e *flakes*.

A comunidade de Entre Rios atualmente soma 12,5 mil habitantes, dos quais 181 são pioneiros, tendo se instalado ali há cerca de setenta anos. Roberto Essert comenta: "A cooperativa é o elo dessas pessoas. Todo mundo se ajuda, só compra e só vende por meio da cooperativa. E todo associado sabe que parte do que produz é para

Dança típica na Festa da Cevada, realizada pelos imigrantes que fundaram a Cooperativa Agrária

Dança de jovens no campo na Festa da Cevada de Entre Rios

manutenção da área sociocultural, que cuida da educação e saúde da comunidade".

Um centro histórico foi criado para cultivar as tradições e repassá-las às gerações futuras. A Fundação Cultural Suábio-Brasileira administra também o moderno Museu Histórico de Entre Rios, que atrai todos os anos perto de 12 mil visitantes de trinta países.

A jornada dos menonitas

Outra cooperativa constituída por imigrantes alemães em meados do século XX foi a Witmarsum, no município de Palmeira, a 82 km de Curitiba. A palavra menonitas foi dada a seguidores do padre Menno Simons, natural de Witmarsum, província de Friesland, na Holanda. O sacerdote foi uma das lideranças que participaram das reformas protestantes iniciadas por Martinho Lutero no seio da Igreja Católica no final da Idade Média. Assim como Lutero divergiu das práticas da Igreja Católica da época, os menonitas abandonaram o luteranismo e seguiram caminho próprio.

Para viver livremente os princípios da fé, os menonitas percorreram uma longa jornada, sofrendo perseguições e sendo martirizados. No início do século XVIII, grupos expressivos emigraram para os EUA. Outros foram buscar refúgio na Prússia, reino alemão e depois principal Estado-membro do império alemão que ocupava Berlim e parte da Suíça, França e Holanda.

Os primeiros menonitas desembarcaram no Brasil em fevereiro de 1930 vindos da Rússia, num período conturbado entre as duas Grandes Guerras. O destino inicial foi Santa Catarina, onde permaneceram por cerca de vinte anos. O lugar, entretanto, era inadequado para a lavoura por causa da mata densa e do relevo acidentado. Acostumados ao cultivo com certo grau de mecanização, os imigrantes não se adaptaram.

Fazenda no início do assentamento alemão em Palmeira / Quadro a óleo de 1984 de autoria de Johanes Hansen

Fazenda Cancela, sede do assentamento de colonos alemães em Palmeira

Uma porta se abriu quando, por meio da cooperativa informal mantida na colônia, foi adquirida a Fazenda Cancela, com 7,8 mil hectares, no município de Palmeira (PR), que possibilitou a transferência de oitenta famílias menonitas para os Campos Gerais do Paraná.

A área total foi dividida em parcelas de 50 hectares por família. Nos primeiros tempos, o cultivo foi penoso nas terras ácidas e pobres. Em regime de mutirão, toda a comunidade participava na construção das casas, preparo da terra, abertura de estradas, plantio, colheita. A antiga cooperativa foi desfeita, e, em junho de 1952, os imigrantes constituíram a Cooperativa Agroindustrial Witmarsum.

Com a expectativa de produção de trigo frustrada por causa do solo pobre e da falta de adubação adequada, a sobrevivência da colônia ficou por conta da produção de leite. Então a marca Cancela, estruturada em alta genética, ganhou o mercado de leite e queijo graças à qualidade dos produtos. Nos anos 1970, quando a soja começou a cobrir as lavouras de todo o Paraná, a Witmarsum já figurava entre as grandes cooperativas do Estado.

Todo esse patrimônio, no entanto, esteve ameaçado de ruir com a instabilidade vivida pelo país nos anos 1980 e 1990 e a inflação descontrolada diante do fracasso dos vários planos econômicos. A cooperativa teve de renegociar dívidas, desfazer ativos e encolheu de tamanho. Quase vinte anos depois, com ajuda do Serviço Nacional de Aprendizagem do Cooperativismo (Sescoop) e da Organização das Cooperativas do Estado do Paraná (Ocepar), a cooperativa retomou a caminhada de sucesso, tendo como estrela-guia a marca Witmarsum.

• Os imigrantes menonitas em Curitiba

Outro grupo de menonitas, vindo também de Santa Catarina, instalou-se nos anos 1930 na região do Boqueirão, bairro de Curitiba, e adquiriu a fazenda de Jesuíno Martins, para iniciar a produção de leite. Em 1937, a comunidade decidiu fundar a Colônia do Boqueirão. No início, eram apenas 45 famílias. Com o aumento do número de moradores e as dificuldades para comprar alimentos, foi criada em 1945 a Cooperativa de Consumo do Boqueirão, que tinha como objetivo fornecer produtos de primeira necessidade.

• Nasce a Clac

Em 1959, já existia o leite pasteurizado, mas nem todo produto vendido no comércio tinha essa condição. Um fato novo, no entanto, viria alterar o cenário. Com a inauguração nesse ano da Ulpasa, a primeira usina estatal de pasteurização, a Secretaria de Agricultura do Paraná decidiu proibir a venda do leite *in natura* no mercado. Diante disso, um grupo de produtores – em sua

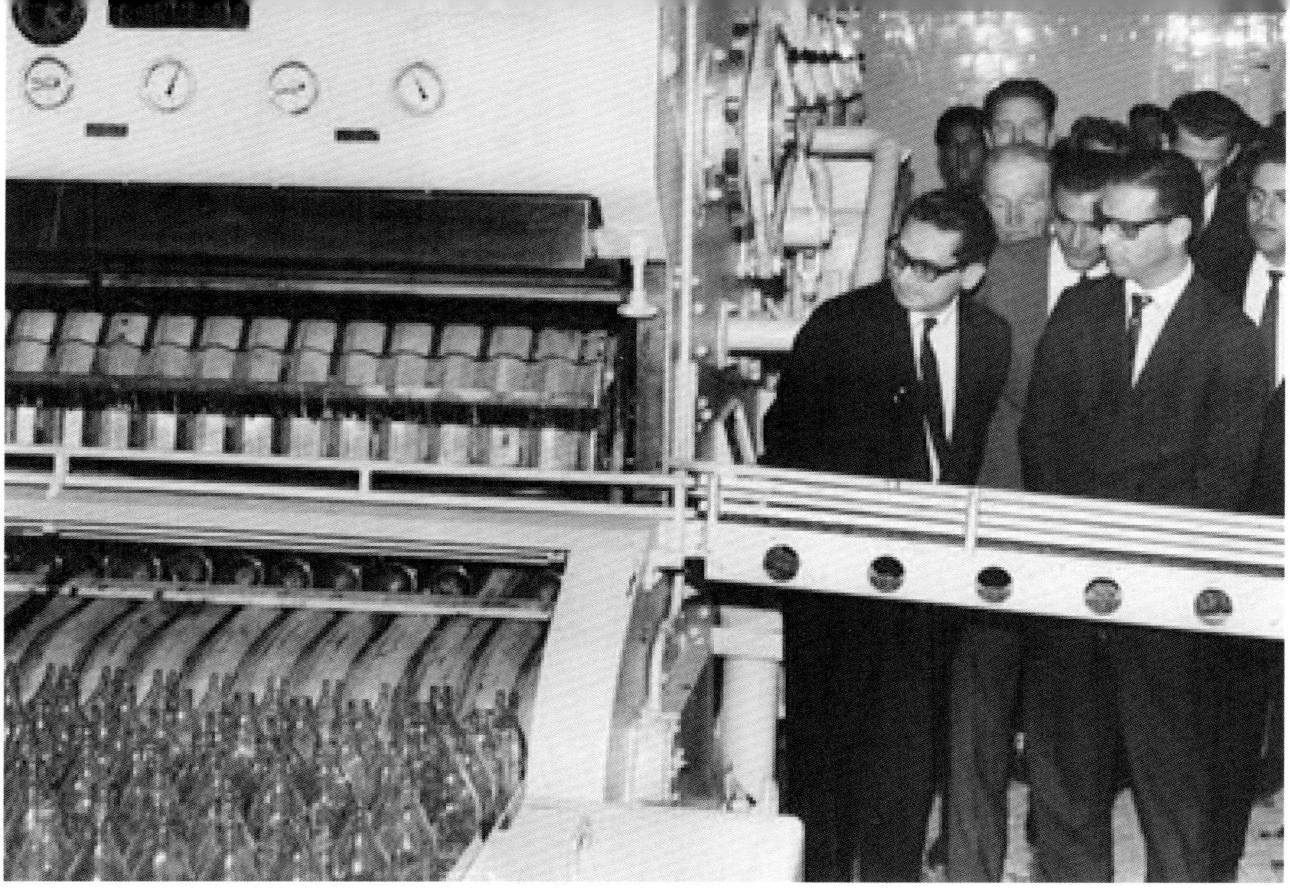

O governador do Paraná Paulo Pimentel (à direita) inaugura em 1967 a nova usina da Clac em São José dos Pinhais

maioria imigrantes alemães que já estavam instalados na Colônia do Boqueirão -, se reuniu em 27/03/1959 para constituir a Cooperativa de Laticínios Curitiba Ltda (Clac).

Oito anos depois, em 07/05/1967, a Clac conseguiu adquirir a usina de pasteurização Ulpasa do governo do Estado e mudou a sede para a vizinha cidade de São José dos Pinhais. A nova planta foi totalmente remodelada pela cooperativa e teve a capacidade ampliada para receber 10 mil litros de leite por hora. A inauguração da nova usina foi feita pelo governador da época, Paulo Cruz Pimentel.[3]

3 MILLÉO FILHO, Samuel Z. *Sindileite Paraná*, 87 anos de história na defesa dos interesses do setor leiteiro paranaense - 1932/2019. Curitiba: Sindileite, 2019.

• Resgate

O trabalho de preservação da identidade menonita atinge diversas áreas da vida comunitária. Idioma e cultura, por exemplo, são preservados por meio do ensino da língua alemã, que faz parte da grade curricular desde o Ensino Fundamental até o Ensino Médio, graças a convênio mantido com o governo alemão. Além disso, a Associação de Moradores custeia parte do salário dos professores da escola pública para que todos os alunos possam usufruir do ensino de línguas, música, artes e outras disciplinas além do currículo básico.

O Museu Histórico de Witmarsum é testemunha desse passado, situado na antiga sede da Fazenda Cancela, que data de 1930 e teve as terras loteadas para a implantação da colônia holandesa. Foi também utilizada como hospedaria e hospital e chegou a ser a primeira sede da cooperativa. Atualmente tombada pelo Patrimônio

Histórico do Governo do Estado do Paraná, a casa-museu está sendo restaurada com a ajuda de empresas parceiras.

"Como técnicos do museu, estamos honrando o caminho de nossos avós e bisavós que nos trouxeram até aqui. É um trabalho muito gratificante", diz Ricardo Philippsen, coordenador do Museu de Witmarsum.

Sede da Fazenda Cancela, que abriga o Museu Histórico de Witmarsum

A imigrante alemã Lena Harder no Museu de Witmarsum

Babuskas, bonequinhas que lembram a influência russa

Turismo rural, nos caminhos da diversidade e da cultura

A Empresa Brasileira de Turismo (Embratur) e a Organização dos Cooperativas do Brasil (OCB) iniciaram em 2001 um projeto em dez Estados brasileiros, mas somente o Paraná teve sucesso na empreitada. Trata-se do turismo rural, um fenômeno recente que atende pelo nome de Roteiro dos Imigrantes, trajeto organizado e promovido pela Cooperativa Paranaense de Turismo (Cooptur), que passa pelas cooperativas de colonização europeia no Estado. Dentro desse circuito, dois passeios se destacam: Rota Eslavo-Germânica, compreendendo Witmarsum, Prudentópolis e Entre Rios; e Rota Holandesa, que passa pelos municípios de Carambeí, Castro e Arapoti.

Prudentópolis também é conhecido como a Terra das Cachoeiras. São mais de 100 quedas-d'água catalogadas, que enchem os olhos dos visitantes. O Salto São João, com 84 metros de altura, é o mais visitado tanto pela beleza quanto pelas condições de acessibilidade e segurança. As cachoeiras e as possibilidades de prática de rapel também fizeram do município importante polo de turismo de aventura.

"O participante desses roteiros é um turista diferenciado. Trata-se de um pessoal que quer aprender, conhecer. Eles se propõem a uma troca. Além disso, recebemos pessoas de toda parte, trabalhamos com escolas e diversos públicos", informa o coordenador do museu de Witmarsum, Ricardo Philippsen.

Salto São João, com 84 metros de altura, uma das mais concorridas atrações de Prudentópolis

Nos últimos quinze anos, alguns agricultores com carência de área para expansão de atividade ou dificuldades para se manter exclusivamente da produção migraram para o setor turístico, com destaque para a gastronomia: "O giro econômico representado por esse segmento é bastante relevante para a comunidade", observa Rubens Kliewer, presidente da Associação dos Moradores de Witmarsum.

Rubens estima que, com tempo bom, a cada final de semana, perto de 3 mil turistas circulam pela região em visita aos cafés coloniais e restaurantes. Até por isso considera importante realizar um trabalho de base com as pessoas que recebem os turistas no sentido de preservar a identidade gastronômica e cultural da comunidade. "Toda essa movimentação causa impacto considerável na rotina de cada morador e na vida social da comunidade, enquanto faz girar a roda da economia", admite Rubens. Ricardo Philippsen completa: "Cabe a nós recepcionar e administrar essa novidade".

Diferentemente de outras lugares, o turismo na região não diminuiu com a pandemia. Ao contrário, teve o fluxo aumentado devido à proximidade com a capital Curitiba e a falta de opções para as pessoas que querem sair de casa para lazer.

A população fixa estimada de Witmarsum é calculada hoje entre 2,5 mil e 3 mil habitantes. Houve tempo em que esse número diminuiu, mas agora entrou numa fase de crescimento. A cooperativa, as propriedades e o setor de serviços estão gerando mais empregos.

Muitas possibilidades de lazer no Roteiro dos Imigrantes

JAPONESES

Em Londrina, o início

A animada Festa das Cerejeiras em Apucarana, realizada anualmente no mês de agosto, enche de cores e aromas a cidade

A imigração de japoneses no Brasil teve início com a chegada ao Porto de Santos (SP) do navio *Kasato Maru* em 1908, sendo os imigrantes encaminhados para a região da Alta Sorocabana, no sudoeste do Estado de São Paulo. O início foi difícil porque os imigrantes foram trabalhar em fazendas de café, onde enfrentavam muitos problemas: discriminação, embaraço com o idioma e salários baixíssimos. Com o passar do tempo e a vinda de novas levas de imigrantes, os japoneses conseguiram encontrar o próprio espaço. Em 1912, alcançaram o Paraná, fixando-se na Fazenda Monte Claro, em Ribeirão Claro, no norte do Estado.

Na região de Londrina, a imigração japonesa crescia junto com a cidade, que foi fundada em 1934. Já no início dos anos 1930, os japoneses começaram a chegar à região e adquirir lotes de terra. Eram pequenos agricultores e empreendedores que apostaram tudo para começar literalmente do zero, num lugar coberto por densas florestas, mas onde havia terra roxa, bastante fértil e de grande valor para a agricultura.

A comunidade nipônica do município fundou a Associação Cultural e Esportiva de Londrina (Acel) e até hoje mantém vivas tradições e costumes trazidos do Japão. Assim foi desenvolvi-

さくらばし

da a prática do *taiko*, instrumento de percussão semelhante a um tambor que exige força, ritmo e musicalidade. Os grupos de Londrina são reconhecidos internacionalmente e promovem grandes espetáculos. A culinária japonesa também conquistou espaço na comunidade, perpetuando pratos como sushi, tepanyaki, yakisoba, tempurá, entre outros.

Em meio ao esforço de preservação dos valores e da cultura do Japão, está a Integrada Cooperativa Agroindustrial. Criada em 1995, herdou a estrutura operacional da extinta Cooperativa Agrícola de Cotia (CAC), fundada em São Paulo em 1927 também por japoneses. Com cerca de 20% do quadro de cooperados formado por descendentes de japoneses, a Integrada busca marcar presença em grandes eventos, como a ExpoJapão, feira tradicional da comunidade nipo-brasileira organizada pela Associação Cultural e Esportiva de Londrina.

Em Apucarana (PR), cidade a 53 km de Londrina, a Festa das Cerejeiras atrai milhares de pessoas todos os anos[4]. A cerejeira (*sakura*), de flores rosa ou brancas, é uma árvore considerada sagrada no Japão que se adaptou bastante bem na região de Apucarana por causa do clima ameno, altitude (983 m) e pouca poluição. As primeiras mudas foram trazidas pelas mãos do imigrante Hatsuichi Kinoshita. Nos arredores da Associação Cultural e Esportiva de Apucarana (Acea), foram plantadas centenas de árvores, que oferecem todos os anos um belo espetáculo de cores e aromas.

4 A Festa das Cerejeiras, promovida pela Acea, começou em 1994. Em 2020, o evento não ocorreu em razão da pandemia de Covid.

A sagrada *sakura* (cerejeira) floresce no Paraná no período de final de maio a início de agosto dependendo da variedade.

Apresentação de *taiko* pelo grupo Kokorozash em jantar-show no município de Castro

A batata foi um dos primeiros produtos bem-sucedidos cultivados pelos japoneses em Castro

Em Castro, a diversificação

Os primeiros japoneses chegaram a Castro em 1958 para trabalhar principalmente na cultura da batata. Apesar da altitude de cerca de mil metros acima do nível do mar, que favorece o crescimento do tubérculo, o solo muito pobre em nutrientes precisava de correção. O problema foi resolvido, e, com o progresso da cultura da batata, logo chegaram mais imigrantes.

A regional da Cotia em Castro entrou em declínio em 1994. Depois da liquidação, os cooperados se uniram, conseguiram adquirir a antiga sede e fundaram a Cooperativa Agrícola União Castrense (Unicastro) em 1996. Decidiram então diversificar as atividades. Além da batata, passaram a plantar hortaliças, frutas e cereais como soja, milho e trigo.

Para manter vivas as tradições, a Acea, com apoio da Unicastro, promove todos os anos diversas atividades que unem as famílias dos descendentes de imigrantes e são prestigiadas por pessoas de dentro e fora da comunidade.

Entre os eventos estão o Shinnenkai, festa de acolhimento e boas-vindas ao ano-novo; também o Ireisai, celebração que reverencia os antepassados e precursores da presença japonesa no Brasil; e o jantar-show, no qual o grupo Kokorozash apresenta o espetáculo de *taiko*.

Descendentes de japoneses se divertem em partida de *mallet golf* em Castro

Um sonho do outro lado do oceano

"[...] escutou Deus a miséria, o fardo e as dificuldades de nosso pobre povo e conduziu-o para a terra brasileira. Porque a terra do Senhor é uma, tanto de um lado do oceano quanto do outro."

As palavras de fé e consolação do trecho acima demonstram bem a dimensão das atribulações e dos sonhos dos imigrantes que decidiram começar uma nova vida no Brasil. Em depoimento de 1935, o ucraniano Pelep Kobren fala sobre o estabelecimento nas colônias: "A viagem pelo mar e a comida no navio não nos custaram nada. Por tudo isso pagou o governo brasileiro. Quando nós saímos da terra natal, éramos pobres, miseráveis, sem casa e famintos. Aqui esse Brasil nos recebeu, deu pão e distribuiu terra. E assim o Senhor Deus nos concedeu não morrer miseráveis. A terra, que não tínhamos no País Natal, por vontade de Deus, achamos aqui no Brasil".[5]

5 Carta do imigrante ucraniano Pelep Kobren (1935) transcrita em artigo de Paulo Renato Guerios, doutor em Antropologia Social pelo Museu Nacional da Universidade Federal do Rio de Janeiro (2008), pp. 374; 380.

Igreja Nossa Senhora do Patrocínio em Prudentópolis

IXC
КАТЕХИТИЧНИЙ
ІСУС ДОБРИЙ

A construção do cooperativismo no Paraná também carrega a marca ucraniana. Um dos pioneiros dessa luta foi o agrônomo Valentin P. Cuts, que abandonou a Ucrânia por perseguição política. Após chegar ao Paraná, em 1912, iniciou um movimento que resultou na formação de catorze cooperativas entre os anos de 1918 e 1933. Por isso, Cuts é reconhecido como um dos primeiros líderes cooperativistas no Paraná. A maioria dessas associações fechou as portas antes da metade do século XX, embora tenham prestado bons serviços aos cooperados e ao Estado.

Durante a Primeira Guerra Mundial, 45 mil imigrantes ucranianos vieram para cá. No período entreguerras, chegaram outros 9 mil. E, após a Segunda Guerra Mundial, quando a fome assolava a Europa, cerca de 7 mil ucranianos deixaram a terra natal em direção ao Brasil.

Hoje, cerca de 1 milhão de ucranianos e descendentes vivem no país. Estima-se que 80% deles estejam no Paraná, onde fica a maior comunidade mundial desse povo fora da Ucrânia. Em Prudentópolis, município localizado a 203 quilômetros de Curitiba, cerca de 75% dos 51.961 habitantes descendem de ucranianos. A cidade ganhou o apelido de Pequena Ucrânia, porque é uma comunidade muito ativa na preservação da cultura e tradições dos antepassados.

O idioma

Falado e escrito hoje pelos imigrantes e descendentes, o idioma ucraniano chegou a ser proibido no Brasil durante o Estado Novo por ordem do presidente Getúlio Vargas, sob o pretexto de "preservar a segurança nacional", sendo o ucraniano e demais idiomas estrangeiros banidos.

Na atualidade, o ucraniano é ensinado nas escolas de Prudentópolis como segunda língua. Em casa, é praticado em conversas com a família. A manutenção do idioma e das tradições despertou o interesse do governo ucraniano, que oferece, com regularidade, bolsas de estudo a jovens brasileiros para cursarem o ensino superior na terra dos antepassados.

Igrejas bizantinas

Unidos e organizados, os ucranianos logo fundaram escolas e clubes recreativos. As residências e demais construções tinham inspiração europeia. Mas nada é mais típico nas edificações ucranianas do que as igrejas. Mais de 80% dos imigrantes eram católicos do rito oriental e os demais, ortodoxos.

Para professar a fé, ucranianos e descendentes ergueram cerca de 200 igrejas e capelas no Paraná, sendo que quase cinquenta delas estão em Prudentópolis. A igreja de Nossa Senhora do Patrocínio é uma das que se destacam. A abóboda octogonal na cor dourada simboliza a chama de uma vela que conduz ao céu. A Matriz de São Josafat (*foto ao lado*), erguida entre 1925 e 1928, é reconhecida como uma das igrejas ucranianas mais bonitas do Brasil, com a abóboda interna pontilhada de estrelas.

Igreja Matriz de São Josafat em Prudentópolis, tombada pelo Patrimônio Artístico e Cultural do Paraná ▶

Cúpula de igreja ucraniana em formato octogonal e telhado tipo escama de peixe de metal, Prudentópolis

As cúpulas bizantinas são um pouco diferentes das existentes na Ucrânia, principalmente por causa dos materiais utilizados na construção. Atualmente, há poucos artesãos que trabalham com cúpulas bizantinas. Existe uma estética padrão, mas cada um deles tem marca própria, evidenciada pelo tipo de revestimento, como as chamadas "escamas de peixe", que podem ser feitas de aço inox ou alumínio.

Artesanato

Os imigrantes ucranianos também trouxeram um rico artesanato que preservam até os dias atuais. Destacam-se os entalhes de madeira, a cerâmica, a tecelagem e os bordados riquíssimos em detalhes. Mas o artesanato que melhor representa a cultura ucraniana é a confecção da *pêssanka*[6], ovos pintados considerados talismãs. É uma arte transmitida de pai para filho que exige técnica, paciência e criatividade.

Primeiro os ovos são desenhados a lápis, depois os traços são cobertos com cera e só então a superfície começa a receber a pintura. Para proteger cada nova cor, a *pêssanka* – grafia no singular – vai sendo coberta com cera de abelha. No final, quando toda a cera é derretida, começam a surgir os desenhos.

6 Ovos de galinha esvaziados e higienizados interiormente, deixados para secar.

Festas Tradicionais

Para a comunidade ucraniana, as principais festas são a Páscoa (Velekdein) e o Natal (Rizdvó). Na noite de Natal acontece a Sviata Vetcheria (Santa Ceia), composta de doze pratos típicos, todos sem carne, simbolizando os doze apóstolos de Jesus Cristo. O Kutiá é preparado com mel e sementes de papoula em homenagem aos antepassados. No ritual, todos comem juntos da mesma vasilha usando a mesma colher, para reforçar os laços de amor e amizade.

A comemoração sempre é realizada em família e começa quando surge a primeira estrela no céu. Depois da ceia, seguindo a tradição, os ucranianos deixam os alimentos sobre a mesa em memória dos familiares que já morreram. O Natal também é o período das *kolhadé*, canções típicas. Nas comunidades mais tradicionais, os moradores passam de casa em casa cantando para desejar união, saúde e felicidade para as famílias vizinhas.

Música e Dança

A música e a danças típicas também fazem parte das tradições ucranianas que atravessam gerações. O Festival Nacional de Danças Ucranianas alcançou a 26ª edição em 2019, no município de Mallet (PR), reunindo mais de 700 participantes de diversos Estados brasileiros e até do exterior. Prudentópolis, que sediou a 25ª edição do festival, realizada em 2018, tem a maior expressão no Grupo Folclórico Ucraniano Brasileiro Vesselka, fundado em 1º de agosto de 1958.

O padrão de excelência levou o Vesselka para o mundo. Dos palcos de Prudentópolis, onde sempre se apresenta, os bailarinos já foram a diversas cidades do Paraná e do Brasil, além de países como Argentina, Estados Unidos e Ucrânia. A trajetória do grupo está em perfeita sintonia com o significado do nome: em ucraniano, a palavra *vesselka* significa "arco-íris" e simboliza o amor e a fidelidade às tradições.

O Grupo Folclórico Vesselka já se apresentou na Argentina, Estados Unidos e Ucrânia

A FORÇA ECONÔMICA DAS COOPERATIVAS

As cooperativas têm uma importância no Paraná que vai além da questão produtiva. São verdadeiros pilares econômicos e sociais. Cerca de 4,4 milhões de pessoas, ou 38% da população paranaense, se beneficiam de alguma forma do cooperativismo. Em 130 dos 399 municípios do Estado, as cooperativas são as maiores empregadoras. O número total de funcionários em 2020 chegou a 185 mil, e o contingente de cooperados passou de 2,4 milhões.

O agronegócio no Paraná, mesmo num ano afetado pela pandemia, exibiu números superlativos: o faturamento das cooperativas cresceu 32%, chegando a R$ 115 bilhões. As exportações de produtos agrícolas subiram 12%, atingindo U$ 4,4 bilhões, e os impostos recolhidos pelas 217 cooperativas deram um salto de 29%, encostando nos R$ 3,5 bilhões.

Neste capítulo, relembram-se os ciclos econômicos da primeira metade do século XX no Paraná e como as cooperativas se fortaleceram com a diversificação de culturas e atividades. Mostra-se a evolução do faturamento e das exportações na linha do tempo e a estruturação de novas formas de sinergia que vêm preparando as cooperativas para enfrentar os atuais desafios do mercado no Brasil e no exterior.

Colheita de milho na região noroeste

Território isolado

Para entender o Paraná de hoje, é preciso fazer uma viagem no tempo, ao século XIX. Até então, o acesso ao atual território do Estado era feito em liteiras, mulas ou a pé, por picadas indígenas milenares, o que dificultava a vinda de imigrantes e o desenvolvimento agrícola. A falta de estradas carroçáveis não impediu, entretanto, o início das exportações. A erva-mate era levada no lombo de mulas até os engenhos localizados no litoral, para processamento e exportação.

O mate era levado pelo Rio Iguaçu ao Porto Amazonas, onde era transferido para os trens, início do século XX

Tudo começou a mudar em 1853, quando o Paraná se tornou província independente e o presidente Zacarias de Goes e Vasconcelos iniciou a abertura da Estrada da Graciosa, concluída em 1873. Então, carroções já podiam levar a erva-mate, agora processada no Planalto Curitibano, para o Porto de Antonina. A logística foi alterada totalmente com a conclusão, em 1885, da Ferrovia Paranaguá-Curitiba. O alongamento do ramal até Porto Amazonas, a 79 km da capital, foi estratégico, em função da navegabilidade permanente do Rio Iguaçu a partir desse ponto.

Viaduto Taquaral na Ferrovia Paranaguá-Curitiba

A liteira ou banguê sobre mulas era um dos poucos meios de transporte nas picadas indígenas no território paranaense no século XIX

Barcos a vapor desciam pelo Rio Iguaçu e afluentes coletando a erva-mate produzida na região sul até o cais em Porto Amazonas, onde era transferida para os trens com destino aos engenhos instalados na região de Curitiba. A ferrovia também favoreceu a mudança de muitos engenhos localizados no litoral para o Planalto de Curitiba, onde havia maior oferta de mão de obra. Modernos engenhos de erva-mate promoveram nova dinâmica na economia paranaense.

O isolamento viário do Paraná teve fim com a construção da ferrovia entre São Paulo e Rio Grande do Sul, a partir de 1897, e inauguração, em 1905, do trecho paranaense entre Itararé (SP) e Porto União. A partir de então, Curitiba e os principais centros estavam ligados a São Paulo e Rio Grande do Sul e ao Porto de Paranaguá e de Antonina, facilitando as exportações e importações. Com os caminhos de ferro consolidados, chegaram novos grupos de imigrantes holandeses, alemães, poloneses, ucranianos e italianos, que se estabeleceram em colônias localizadas ao longo da ferrovia e próximas a Curitiba.

Cooperativas do mate

O primeiro produto a movimentar a economia paranaense foi a erva-mate. Planta nativa do sul da América do Sul e abundante em solo paranaense, bem conhecida dos indígenas e dos tropeiros que por ali passavam, o uso e a extração aos poucos foram sendo apropriados pelos colonizadores. A atividade se estruturou no Para-

Tratores e implementos agrícolas chegam à estação de Castro em 1952

Famílias recebiam o mate em instalações improvisadas na região de Palmeira

ná ainda na primeira metade do século XIX, com a extração, beneficiamento e exportação. A erva-mate chegou a representar 85% da economia paranaense e trouxe muito mais do que dinheiro para o Estado: atraiu investimentos em infraestrutura e abriu, definitivamente, os caminhos para a ocupação territorial, industrialização e desenvolvimento geral da nova província.

A árvore, que figura na bandeira e no brasão do Estado, foi a base da economia paranaense durante mais de um século, entre 1820 e 1930. O Brasil passou a ocupar o lugar do Paraguai como principal fornecedor do produto à Argentina, que, não aceitando a independência da ex-província, cancelou as importações paraguaias. O ciclo da erva-mate produziu grandes riquezas no Paraná e é considerado a razão principal da emancipação política do Estado, ocorrida em 1853. Nos anos 1930, o setor entrou em declínio, principalmente quando a Argentina passou a colher os ervais que plantara.

Na tentativa de contornar a crise, o governo federal criou a Comissão de Organização Cooperativa dos Produtores de Mate (COCPM), que subdividiu as regiões produtoras em zonas e em cada uma constituiu uma cooperativa, com postos de recebimento e grande cadeia de armazéns, para aguardar o melhor momento de comercialização.

A partir de 1943, o Paraná formou uma rede com catorze cooperativas e 10 mil associados. As cooperativas garantiam preço mínimo, financiamento, armazenamento e escoamento da safra. Os negócios foram bem até 1947, quando houve a extinção da COCPM e abolição do regime de cotas. O excesso de produção, grandes estoques, retração da demanda no mercado mundial e falta de planejamento inviabilizaram o setor. Permaneceu ativa apenas a Cooperativa Agro-Mate Paraná Ltda., que sobreviveu até a década de 1970. Foi na sede da Agro-Mate que se realizou a assembleia de constituição da Ocepar.

Na Terra das Araucárias, o ciclo da madeira

Com o acesso por estrada de ferro aos grandes centros urbanos e portos para exportação, tornava-se mais fácil transportar mercadorias maiores e mais pesadas. O trabalho das serrarias, até então modesto e localizado no litoral, ganhava relevância, e os empresários vislumbraram novas oportunidades.

Araucárias ao anoitecer em Piraquara

Acampamento para extração da madeira às margens da ferrovia que ajudou a emancipar o Paraná no início do século XX

Assim, um novo ciclo econômico tomava conta da Terra das Araucárias. A madeira, nobre e abundante nos planaltos paranaenses, logo se tornou uma das atividades mais rentáveis. As serrarias derrubavam matas inteiras de pinheiros, desde a Serra do Mar até o planalto da nova capital, avançando pelo Vale do Rio Iguaçu. Madeiras nobres como cedro, peroba, canela-preta e imbuia também eram encontradas na Mata Atlântica paranaense.

A araucária, pinheiro típico e abundante no Estado, além de trazer divisas, influenciou a cultura, promovendo a produção artística, literatura, gastronomia – privilegiando o pinhão como ingrediente – e ainda nomeou várias cidades e localidades: Araucária, Pinhão, Pinhais, Pinhalão, São José dos Pinhais, Pinhalzinho, Pinheiral, Três Pinheiros entre outras.

O ciclo da madeira seguiu junto ao da erva-mate, até superá-lo em importância econômica durante a Segunda Guerra Mundial. Além de enviar muita madeira para o Estado de São Paulo, as exportações paranaenses tomaram grande volume justamente por abastecer a indústria bélica. As laminadoras do Paraná vendiam para Europa e Estados Unidos madeira compensada. O mundo estava em transformação na década de 1940, e a madeira ganhava relevância na construção das cidades, na industrialização que se expandia e na ocupação de territórios.

Cooperativas do setor cafeeiro

A economia cafeeira crescia paralelamente ao ciclo da erva-mate e alcançou a fase áurea na

Plantação de café em São Miguel do Iguaçu

década de 1950, quando o Paraná respondia por metade da produção brasileira e quase um terço da produção mundial.

A cultura do café começou modesta no Estado no início do século XX, até em razão dos desafios de infraestrutura para abrir novas áreas de plantio. Lá fora, o grão também não passava por um grande momento: a quebra da Bolsa de Nova York, em 1929, abalou a economia global e os preços do grão caíram. Milhões de sacas chegaram a ser queimadas.

Depois do fim da Segunda Guerra e da redução dos estoques mundiais, o café subiu de preço e virou a grande vedete das paisagens paranaenses. Nas décadas de 1950 e 1960, os cafezais se expandiram de forma vertiginosa. A área de plantio chegou a quintuplicar em dez anos. Em 1951, eram quase 300 mil hectares; e, em 1962, 1,6 milhão de hectares. O café representava 60% da produção agrícola paranaense, e o Estado se tornava o maior produtor do planeta. Na safra 1961-1962, os cafezais paranaenses colheram 21,3 milhões de sacas, 28% do volume mundial.[1]

No início da década de 1960, entretanto, os estoques mundiais se elevaram novamente e os preços caíram. O excesso de café fez com que o governo brasileiro precisasse interferir no mercado, por meio de programas para reduzir a produção e manter os preços. O cultivo foi desestimulado, e muitos agricultores migraram para novos produtos agrícolas, como soja, milho, trigo e algodão. A geada negra, em 1975, dizimou boa parte das plantações e aprofundou o descrédito. O ciclo cafeeiro chegava ao fim, mas não sem deixar marcas profundas na economia do Paraná. Das

1 CAFEICULTURA. Disponível em: www.revistacafeicultura.com.br.

39 cooperativas constituídas entre 1957 e 1964, poucas ultrapassaram o século XX, destas a Cocamar (Maringá) e a Cocari (Mandaguari).

A inovadora Cocamar

A Cocamar tem no nome a marca da origem: Cooperativa de Cafeicultores de Maringá Ltda. No início dos anos 1960, as dificuldades eram enormes. Em maioria pequenos, os produtores não tinham acesso às informações básicas de mercado. O então gerente da agência local do Banco do Brasil, Milton Mendes, arregimentou produtores de café para incentivá-los a se organizar. Um grupo de 46 deles compareceu à reunião realizada em 27/03/1963 que deu origem à Cocamar. O principal objetivo era adquirir, beneficiar, padronizar e comercializar o grão de café.

Para presidir a entidade, o grupo elegeu Arthur Braga Rodrigues Pires, um homem de bom relacionamento no Rio de Janeiro, onde mantinha residência e que até 1960 havia sido a capital federal. Pires era conhecido também por ter presidido o Vasco da Gama, um dos clubes de futebol mais populares do país.

Industrial do ramo têxtil, o carioca Braga fazia parte de uma legião de investidores, algo comum à época. Atraídos pela oportunidade de comprar fazendas para plantar café a preços relativamente acessíveis em regiões do norte do Estado que ainda estavam sendo desbravadas, ele emprestava o prestígio pessoal para a cooperativa nascente.

A primeira diretoria era completada pelo diretor-gerente, Aloysio Gomes Carneiro, e pelo diretor-secretário, Benedito Lara. Coube a este, em 1965, adquirir um imóvel no centro da cidade, ao lado da linha férrea, onde a Cocamar instalou escritório, maquinários e armazém. Foi também

Primeiros armazéns graneleiros da Cocamar ao lado da linha férrea

Lara quem comprou para a empresa um pequeno sítio no município, igualmente anexo à estrada de ferro, parecendo antever que brotaria ali o parque industrial da cooperativa.

A Cocamar vinha mal das finanças, fragilizada por alguns reveses, quando nova diretoria foi constituída, tendo na presidência José Cassiano Gomes dos Reis Júnior. Para evitar a liquidação, os diretores foram orientados a solicitar o apoio do então ministro da Fazenda, Roberto Campos. Conseguiram marcar audiência em Brasília e, já na antessala, foram avisados que o ministro não poderia recebê-los, pois havia sido chamado para uma reunião urgente com o presidente da República. A boa notícia é que Campos delegara a um assessor a tarefa de atender à demanda daqueles homens, o que garantiu um empréstimo para a sobrevivência da cooperativa.

Tempos depois, com o apoio do presidente do Banco Nacional de Crédito Cooperativo (BNCC), José Pires de Almeida, a Cocamar conseguiu novo financiamento para viabilizar uma ideia inusitada: adquirir uma máquina usada para beneficiar algodão. O produto ganhava espaço na região, rivalizando com o café. A Cocamar seguia de vento em popa quando, em 1969, os dirigentes receberam o ministro da Agricultura, Luís Fernando Cirne Lima. A conversa foi boa, o ministro gostou do que viu, mas fez um alerta: era preciso enxergar mais longe, o fu-

A industrialização de óleo da Cocamar agrega valor à comercialização da soja

turo da região não estava no café e tampouco no algodão. Mas na soja, uma cultura que quase ainda nem existia no Paraná. E foi taxativo: "Corram!"

O gaúcho Cirne Lima sabia do que falava: a oleaginosa expandia-se rapidamente pelo Rio Grande do Sul, onde se erguiam enormes armazéns graneleiros. O grão demoraria a avançar por Santa Catarina e logo adentraria o Paraná. Era preciso aviar-se para chegar antes das multinacionais. Como resultado, em 1972, era concluído em Maringá um armazém com capacidade para 30 mil toneladas, que, para muitos, tinha vocação para ser um elefante branco.

Mas ocorreu o contrário. Com o impulso dado com a inauguração do silo graneleiro - o primeiro do gênero no Paraná -, os produtores partiram em massa para o plantio mecanizado de soja no verão e de trigo no inverno. As duas culturas ofereciam mais facilidades, especialmente porque, diferentemente do café e do algodão, não dependiam de tanta mão de obra.

Com isso, o armazém se encheu rapidamente, e a Cocamar foi obrigada a construir mais quatro, do mesmo porte, em cidades próximas. Convidado para a inauguração de um deles, em 1975, o ministro Alysson Paolinelli, sucessor de Cirne Lima, aplaudiu as realizações da cooperativa, mas defendia uma estratégia no longo prazo.

Paolinelli vislumbrava uma oportunidade para a cooperativa de Maringá: investir na industrialização da soja, deixando de apenas comercializar o grão para intermediários. A Cocamar foi em frente e, em 1979, inaugurou a primeira unidade de processamento de soja do setor no Brasil, abrindo caminho para a instalação de um bem-sucedido e diversificado parque industrial.

Algodão

A fibra chegou de forma tímida ao Paraná no início do século XX, principalmente com produtores japoneses no norte do Estado. Com foco na diversificação, após os anos 1960, o algodão ganhava espaço nas pequenas propriedades, aumentando a renda das famílias e se tornando outra atividade de sucesso. O Brasil entrou na década de 1980 como um dos maiores produtores e exportadores mundiais de algodão. E o Paraná ostentou o título de maior produtor do país, chegando a plantar 700 mil hectares.[2]

O ciclo que trouxe tantas oportunidades ao campo, no entanto, durou pouco. Um inseto vindo do exterior deu início ao declínio da cultura. O bicudo-do-algodoeiro se tornou uma praga em todo o país e logo devastou as lavouras paranaenses. Além dessa dificuldade, no fim da década de 1980, as mudanças políticas e econômicas no Brasil afetaram diretamente o setor. Com maior abertura para a importação, ficou difícil para a cotonicultura e a indústria têxtil concorrerem com os preços da fibra importada. Apesar de hoje não ser mais significativo, o algodão ainda movimenta produtores rurais e cooperativas no Paraná.

2 GOMES, Luana. Congresso ressuscita história do algodão no Paraná. Gazeta do Povo, 14/09/2009. Disponível em: https://www.gazetadopovo.com.br/agronegocio/agricultura/congresso-ressuscita-historia-do-algodao-no-parana-0uskrrrvwlzvm9msk0gwr43ts/. Acesso em: 12 nov. 2020.

Plantação de algodão em Londrina ▶

Trigo

O grão começou a ser cultivado na região sul do Paraná com sementes trazidas pelos imigrantes europeus que não se mostraram compatíveis com o solo e o clima brasileiro. O trigo enfrentou diversos problemas com falta de qualidade e incertezas climáticas durante a safra. Mais do que políticas de fixação de preço, compra da produção e facilidade de linhas de crédito, os governos (estaduais e federal) precisaram investir em pesquisas para alcançar variedades de sementes adaptadas ao país. Diversos centros de pesquisas foram criados, inclusive no Paraná.

No final da década de 1960, a comercialização do trigo no Brasil foi estatizada. O governo passou a comprar o grão, ampliou o acesso ao crédito rural e os fortes subsídios alavancaram a triticultura. No Paraná, o reflexo direto dessa política foi a expansão do cultivo do trigo para a região norte e oeste.

Mesmo com entraves como geada, chuva e baixa qualidade do grão, os agricultores transformaram o Paraná no maior produtor de trigo do país em 1979. E, quando houve redução do crédito governamental, na década de 1980, a área de plantio continuou em ascensão, graças aos avanços em pesquisas que desenvolveram cultivares mais produtivos. A maior área semeada e a maior produção do grão foram registradas em 1986-1987, quando o Paraná colheu 3 milhões de toneladas, metade da produção brasileira.[3]

O declínio do plantio do trigo começou na década de 1990, com o fim do monopólio estatal

3 EMBRAPA. Trigo. 2020. Disponível em: https://www.embrapa.br/soja/cultivos/trigo1#:. Acesso em: 18 out. 2021.

Plantação de trigo na Colônia Dom Pedro II em Campo Largo

na comercialização. A cultura enfrenta até hoje muitas dificuldades em se sustentar por causa da concorrência com países que têm custos de produção bem mais em conta, como Argentina e Paraguai. O Brasil importa trigo para atender ao consumo interno. Ainda assim, o Paraná segue como um dos maiores produtores, respondendo por metade da safra brasileira de trigo em 2020.

Milho e soja

Milho e soja ganharam espaço nas lavouras paranaenses a partir da metade do século XX. O milho sempre esteve presente nos campos brasileiros, seja para alimentação humana, seja animal. Mas, com o incentivo pela diversificação, o desenvolvimento de tecnologia em sementes e o fomento de infraestrutura para comercialização e escoamento, o grão se tornou um grande negócio em terras paranaenses, principalmente porque o cultivo podia ser intercalado com a soja.

Grãos de soja maduros para colheita em Arapoti

Plantação de milho

Hoje, o milho alcançou uma posição que há vinte anos era inimaginável. A segunda colheita, antes chamada de safrinha, agora se transformou na principal. Em 2020, o Paraná colheu na segunda safra quase 11,5 milhões de toneladas.[4] A primeira, que antes era a principal, agora rendeu apenas 3,5 milhões de toneladas. No plantio de

4 "De acordo com o Departamento de Economia Rural (Deral), da Secretaria da Agricultura e do Abastecimento, as três safras cultivadas no Estado renderam um total de 40,57 milhões de toneladas, volume 13% acima da anterior (18/19). No acumulado, a área ocupada chegou a quase 10 milhões de hectares." PARANÁ (Estado). Agropecuária foi base de sustentação da balança comercial. Agência de Notícias do Paraná, 24/12/2020. Disponível em: https://www.aen.pr.gov.br/modules/noticias/article.php?storyid=110098&tit=Agropecuaria-foi-base-de-sustentacao-da-balanca-comercial. Acesso em 12 jan. 2021.

verão, que é a primeira safra, os produtores estão diversificando e dando preferência à soja.

Os registros indicam que o cultivo da soja começou no Rio Grande do Sul por volta de 1914. O Estado reunia condições climáticas propícias para os primeiros cultivares que chegaram por aqui vindos dos Estados Unidos. No Paraná, a oleaginosa começou a aparecer com migrantes gaúchos no fim da década de 1960.[5]

E ela já chegou em terras paranaenses num momento de forte incentivo: na década de 1970, a indústria de óleo começou a ser ampliada no Brasil, a demanda internacional pela soja crescia bastante, e os avanços tecnológicos renderam variedades mais produtivas e resistentes. A Embrapa fez um excelente trabalho de adaptação das sementes para todas as regiões brasileiras, e os produtores transformaram o grão no principal tesouro do agronegócio no país. Além de brilhar na exportação, a dobradinha milho e soja viabilizou também a expansão da produção brasileira de carne através da ração animal.

5 APROSOJA. A origem do grão. Associação do Produtores de Soja e Milho do Estado do Paraná. 2020. Disponível em: https://aprosojapr.com.br/a-soja/#:~:text=O%20gr%C3%A3o%20come%C3%A7a%20a%20ser,primeiros%20cultivares%2C%20at%C3%A9%201975. Acesso em 21 out. 2021.

Parque Industrial da Cocamar em Maringá

O agronegócio impulsiona o Paraná

A importância das cooperativas para a economia se pode medir pela participação no PIB agropecuário paranaense, que, nos últimos cinco anos, passou de 56% para 62% (Gráfico 1).

O faturamento do setor cooperativo começou a subir a partir de 2005 e teve uma alta mais acentuada nos últimos dez anos. De 2010 a 2020, a taxa de crescimento chegou a 342% (Gráfico 2). Do volume total de R$ 115 bilhões em 2020, a maior parte, R$ 100 bilhões, veio das cooperativas agropecuárias. Os outros setores apresentaram os seguintes resultados nesse ano: Crédito, R$ 7,8 bilhões; Saúde, R$ 7 bilhões; Transporte, R$ 407 milhões; Infraestrutura, R$ 162 milhões; Trabalho, R$ 205 milhões; e Consumo, R$ 21 milhões.[6]

Esse desempenho foi alcançado porque as cooperativas paranaenses contam com um eficiente sistema de serviços e fornecedores montado nos últimos 25 anos. São 121 estruturas agroindustriais que sustentam o agronegócio no Estado, incluindo desde indústrias de ração (32), beneficiamento de sementes (21), moinhos de trigo (10), misturadoras de fertilizantes (5) até beneficiadoras de leite (12), de óleo de soja (10),

6 INFORME PARANÁ COOPERATIVO. Monitoramento: Faturamento das cooperativas agropecuárias do PR cresce 36,7% e supera os R$ 100 bilhões em 2020. Sistema Ocepar, 26/03/2021. Disponível em: http://www.paranacooperativo.coop.br/ppc/index.php/sistema-ocepar/comunicacao/2011-12-07-11-06-29/ultimas-noticias/133508-monitoramento-faturamento-das-cooperativas-agropecuarias-do-prcresce-367-e-supera-os-r-100-bilhoes-em-2020. Acesso em: 05 abr. 2021.

Gráfico 1 • Participação das cooperativas no PIB Agropecuário do Paraná*

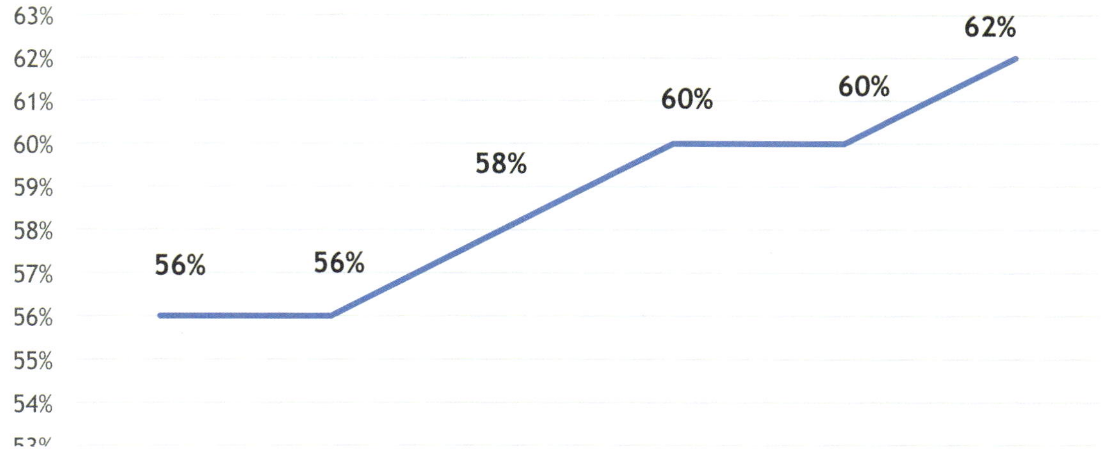

* Ver nota de rodapé 6.

Gráfico 2 • Faturamento das cooperativas paranaenses entre 1995-2020 (R$/bilhões)*

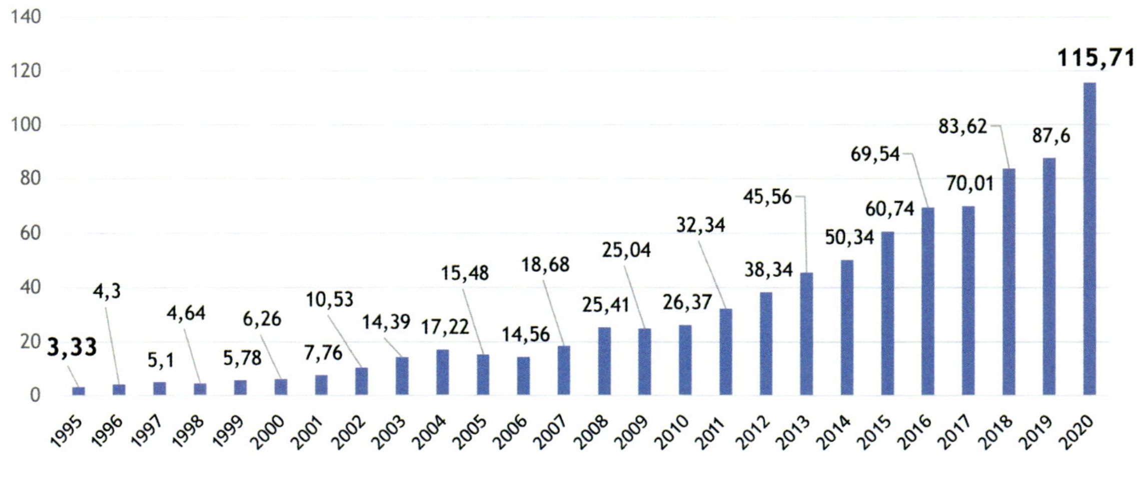

* GECOOP/Sescoop – Ocepar.

Gráfico 3 • Impostos recolhidos pelas cooperativas do Paraná entre 2011-2020 (R$/milhões)

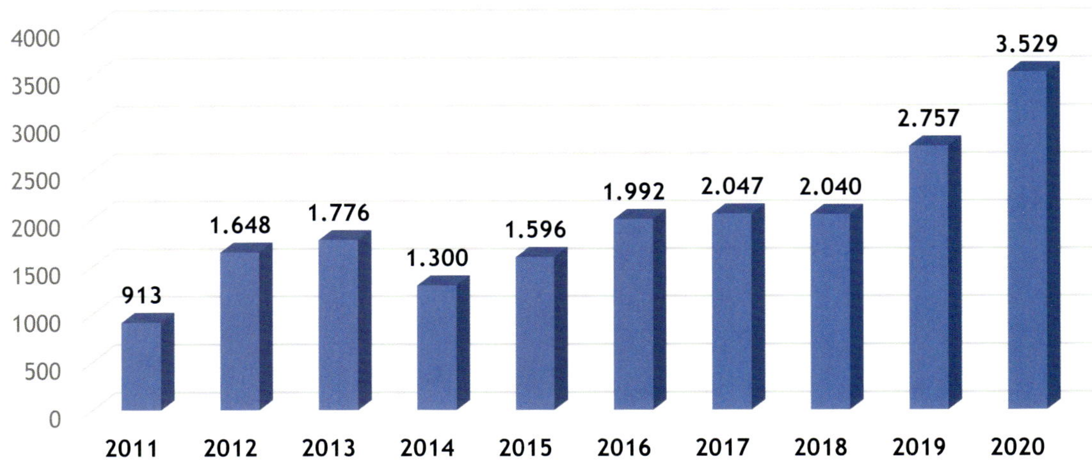

* Ver nota de rodapé 6.

de algodão (3), além de torrefadoras de café (3) e frigoríficos para abate de frango (11), suíno (4) e peixe (4).

O recolhimento de impostos é outro indicador da relevância das cooperativas. No quinquênio pesquisado, o pagamento de tributos mais do que dobrou, indo de cerca de R$ 1,6 bilhão em 2015 para R$ 3,5 bilhões em 2020. Nada menos que um salto de 121%. Em dez anos, esse crescimento foi de 286% (Gráfico 3).

• Exportações

O Paraná está entre os líderes em produção de grãos e em terceiro lugar no ranking de exportações do agronegócio no Brasil: o Estado fechou 2020 com recorde – 28,7 milhões de toneladas –, puxadas pela cadeia da soja.[7] Em dólares, as vendas externas do Paraná chegaram nesse ano a US$ 13,2 bilhões, o que corresponde a 13% do total do país. Desse montante, as cooperativas participaram com US$ 4,4 bilhões (Gráfico 4). O resultado de 2020 superou o do ano anterior em 15%.

Quase todas as remessas das cooperativas do Paraná são feitas pelo Porto de Paranaguá, que completou 85 anos de operação em 2020. Além dos grãos, também é forte o movimento de embarque de carnes em contêineres. No caso do frango, saem dali cerca de 42% das vendas de todo o país.[8] A Copacol é um dos grandes players nesse segmento, além de ser também referência em piscicultura na América do Sul. [9]

Nos grãos, o maior movimento é da Coamo, hoje uma das maiores exportadoras brasileiras. Desde 1990, a Coamo está presente no porto,

7 Federação de Agricultura do Estado do Paraná (FAEP) – Boletim Informativo 1529 (fev/2021).

8 AGÊNCIA DE NOTÍCIAS DO PARANÁ. Disponível em: https://www.aen.pr.gov.br/. Acesso em: 28 out. 2020.

9 SANTOS, Bruno. Conheça as 15 maiores cooperativas agro do Brasil. Coonecta, 24/01/2020. Disponível em: https://coonecta.me/15-maiores-cooperativas-agro-do-brasil/. Acesso em: 28 out. 2020.

Gráfico 4 • Exportações das cooperativas do Paraná entre 2011-2020 (US$/milhões)

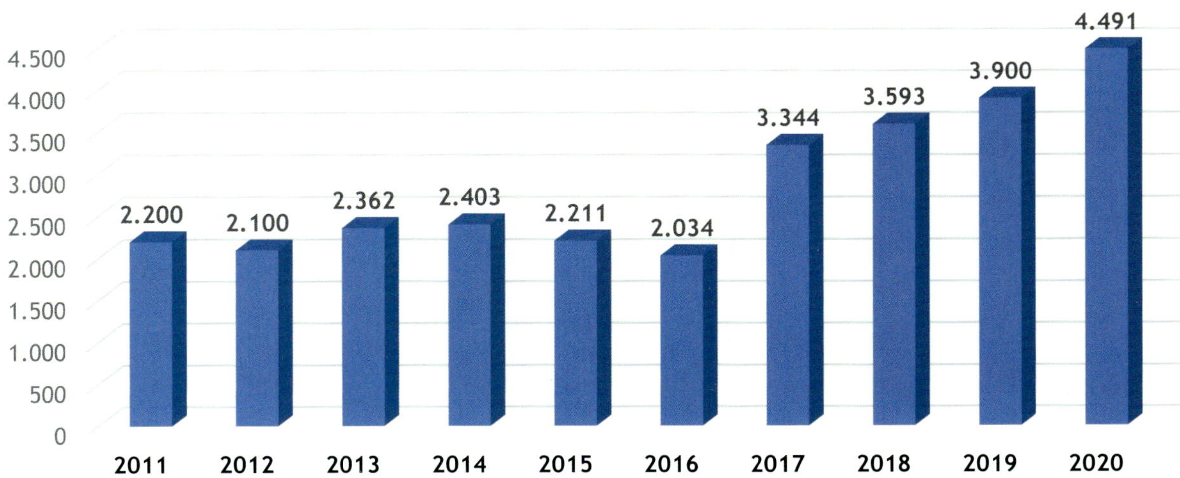

* Ver nota de rodapé 6.

Carregamento de soja no Porto de Paranaguá

Três novos silos da Coamo devem ser concluídos em 2021 no Porto de Paranaguá

Parque Industrial da Cocamar em Maringá

Parque industrial da Coamo em Dourados (MS) inaugurado em 2019

onde possui dois terminais. Em 2021, deve ser concluída a construção de três novos silos com capacidade de 26 mil toneladas cada um. O volume de escoamento dos terminais da Coamo em Paranaguá chega a 3 milhões de toneladas/ano.

O presidente executivo da Coamo, Airton Galinari, define a importância dos terminais marítimos: "O Porto de Paranaguá, como ponto estratégico de escoamento da safra com custo baixo na logística, nos dá a certeza de que tudo isso possibilita um repasse para os preços das commodities com a consequente agregação de valor aos cooperados".[10]

Do total de US$ 4,4 bilhões exportados, US$ 1,5 bilhão foi da Coamo, hoje a maior cooperativa da América Latina. O faturamento da cooperativa de Campo Mourão em 2020 chegou a R$ 20 bilhões, aumento de 43% em relação ao exercício anterior. Um feito e tanto para a empresa fundada por apenas 79 produtores em 28 de novembro de 1970. O primeiro escritório tinha 50 m^2. Hoje, a Coamo tem 30 mil associados e conta com 111 unidades de recebimento de grãos em três Estados: Paraná, Santa Catarina e Mato Grosso do Sul.[11]

ROTAS DO MERCADO EXTERNO

Os primeiros caminhos em busca do mercado externo foram traçados pelas *trading companies*, que precisavam comprar café, soja e outros produtos para atender clientes em outros países. Essas empresas, que atuam como intermediárias em operações de exportação e importação, tinham mercado para produtos primários. Por sua vez, as cooperativas dispunham de grãos em abundância e potencial para atender à demanda, precisando justamente de mais clientes para crescer.

Enquanto eram pequenas, as cooperativas não contavam com um departamento próprio de comércio exterior, e as *tradings* faziam a ponte. Mas, com o passar do tempo, as cooperativas cresceram e adquiriram o *know-how* necessário. Foi um passo dado com planejamento e segurança, depois de avaliar o potencial e os riscos de ampliação dos negócios.

A partir de 2008, com maior abertura comercial da China para produtos brasileiros, as cooperativas tiveram garantias de que poderiam fazer investimentos no longo prazo para aumentar a escala de produção. Em vez de exportar somente

10 REVISTA COAMO. Safra com redução de produção e bons preços. Gestão. Edição 512, abr/2021. Campo Mourão/Paraná. Disponível em: http://www.coamo.com.br/jornal/conteudo.php?ed=85&id=1467. Acesso em: 05 mai. 2021.

11 COAMO. Nossa história. Coamo Agroindustrial Cooperativa, 2020. Disponível em: http://www.coamo.com.br/site/institucional/nossa-historia. Acesso em 02 nov. 2020.

PRETTY KEEL
PANAMA
IMO 9502831

produtos primários, passaram a vender também aqueles com alto valor agregado, como carne.

A Copacol, por exemplo, começou a exportar em 1985 por meio das *tradings*. Assim, em 2005, já estava negociando com quinze países, principalmente da Europa e Oriente Médio e Japão. Logo em seguida, montou equipe própria de comércio exterior, e o caminho foi só de ascensão. Hoje, exporta metade da produção de carne para mais de setenta países. Em 2006, por exemplo, a Copacol embarcava apenas para a África do Sul; hoje, tem clientes em 22 países do continente africano. A estratégia permitiu encontrar demandas reprimidas que as *tradings* não alcançavam.

Em 2018, a cooperativa abriu uma unidade no exterior, um escritório de vendas na cidade de Dubai, no emirado de mesmo nome, para ficar mais perto dos clientes. O objetivo é não só conquistar novos mercados, mas também oferecer atendimento no pós-venda e manter um bom relacionamento comercial com uma importante região consumidora da carne brasileira.

Hoje, mercado externo e interno se complementam para as cooperativas. Os padrões de consumo são diferentes, e o aproveitamento dos produtos fica quase completo, equilibrando melhor os preços. Partes do frango que não são consideradas nobres no Brasil, como pés e asas, têm grande aceitação em países asiáticos. No caso do peixe, couro, escamas e resíduos, em vez de irem para descarte, são exportados para empresas de cosméticos e de suplementação alimentar. Escamas e couro, por exemplo, são utilizados por in-

Porto de Paranaguá, um dos maiores do país, por onde escoa boa parte da produção das cooperativas agroindustriais do Paraná

dústrias do exterior para fabricação de cápsulas de Ômega 3.

Mesmo nesse cenário, as cooperativas ainda fazem muitas exportações de produtos primários por meio das *tradings*, estratégicas para as cooperativas, principalmente em mercados de risco. De 2015 pra cá, as cooperativas começaram a se beneficiar de uma ajuda mais eficaz do governo federal, com a disponibilização de adidos agrícolas – profissionais com conhecimento no agronegócio brasileiro que assessoram nossas representações diplomáticas no exterior.

Hoje, há 24 adidos agrícolas atuando em 22 países, que fazem a ponte entre o vendedor brasileiro e os compradores. Agora, com esses profissionais, as cooperativas conseguem receber informações mais precisas sobre burocracia, exigências sanitárias e perfil do consumidor de cada país.

Diversificação regionalizada

Graças ao planejamento estratégico, as cooperativas do Paraná entraram no século XXI abandonando práticas paternalistas e focando em modernização e eficiência. Atingiram elevado grau de industrialização e gestão profissional em todos os setores, que são um importante diferencial.

Deixaram de ser apenas unidades de simples recebimento, armazenamento e comercialização de grãos. Formaram uma cadeia de industrialização para agregar valor, diversificando a produção

Dubai, capital de um dos sete Emirados Árabes Unidos onde a Copacol possui representação comercial

e investindo em marcas fortes que tenham condições de competir no mercado interno e externo.

Hoje, aproximadamente 48% da produção primária dos cooperados passa por algum processo de transformação e agregação de valor. As cooperativas exportam para mais de 100 países e já figuram entre as melhores empresas do agronegócio, concorrendo com as multinacionais.

Outra riqueza do agro paranaense é que as cooperativas não seguem um padrão, mas adotam modelos de operação diferentes entre si. Cada uma encontrou uma vocação e se alicerçou em perfil distinto de gestão e segmento de atuação. Nesse processo, foram guiadas, inclusive, por características geográficas, colonizadoras e de infraestrutura.

O noroeste e o oeste do Paraná, por exemplo, se consolidaram com a produção de grãos, ração e carne, sobretudo de suínos e aves. A região norte ainda tem o café, mas também se destaca na produção de grãos, refinamento de óleo e produção de açúcar. Por causa do clima, o centro-sul distingue-se no plantio de trigo, cevada e criação de rebanhos bovinos leiteiros, que movimentam uma pujante indústria de laticínios.

A maioria das cooperativas agroindustriais oferece um portifólio variado de produtos alimentícios – enlatados, congelados, *in natura,* dentre tantas opções. Essa diversificação faz o cooperativismo forte em várias frentes. Por isso a concorrência aqui não trouxe exatamente uma competição, mas alimenta um espírito de sempre elevar o padrão de eficiência. A cooperação é a chave cada vez mais utilizada para abrir as portas do novo mundo dos negócios.

Colheitadeira de pesquisadores da Fundação ABC

COOPERAR, VERBO COM MUITOS SIGNIFICADOS NO SÉCULO XXI

Novas formas de cooperação

- Integração tradicional das cooperativas com pequenos produtores
- Cooperativas centrais e singulares
- Intercooperação no setor industrial
- Novos instrumentos de marketing e plataformas digitais
- Feiras agropecuárias

• Integração tradicional das cooperativas com pequenos produtores

Um dos principais pilares que sustentam o edifício do cooperativismo do Paraná são os sistemas de integração. É o modelo de produção integrada que se apoia no trabalho das pequenas propriedades, na boa oferta de milho e soja para ração animal e nos investimentos em tecnologia industrial. Foram esses fatores que ajudaram as cooperativas a firmar-se na exportação de grãos e produzir carne com bom controle sanitário a preço competitivo para o mercado doméstico e internacional.

Todas as etapas da produção de carne são desempenhadas pelas cooperativas e associados. Na prática, as cooperativas fornecem para o cooperado os filhotes, a ração e a assistência técnica e ainda assumem o transporte, abate e co-

Edifício-sede e unidade industrial da Frimesa em Medianeira

Criação de frangos em Maringá

mercialização. O produtor rural fica responsável pelas instalações, equipamentos, água e mão de obra, que normalmente é familiar. Nesse sistema, os pequenos produtores conseguem fazer investimentos mais seguros, porque já têm a garantia de venda e previsão orçamentária.

Ao todo, dezenove plantas industriais de cooperativas que integram o sistema Ocepar trabalham com processamento de carne, desde suínos, frangos, bovinos, cordeiros até peixes. A carne de porco figura como uma das vedetes. A Frimesa está construindo o maior frigorífico de suínos da América Latina na cidade de Assis Chateaubriand, oeste do Estado. A unidade deve entrar em funcionamento em 2023, quando abaterá 3.750 animais/dia. Até o final da obra, em 2032, terá capacidade para abater 15 mil porcos/dia, empregando 8,5 mil pessoas direta e indiretamente. Hoje, a Frimesa abate 8,3 mil suínos/dia, garantindo 5% da produção nacional.

O frango é outro sucesso em solo paranaense. A Copacol e a Lar abatem cerca de 700 mil aves/dia cada uma e praticamente metade da produção vai para outros países. A cadeia de peixes também vem crescendo notadamente nos últimos anos. O Paraná já é o maior produtor de tilápias do país. A Copacol industrializa 42,5 milhões de tilápias/ano.

O presidente da Copacol, Valter Pitol, relembra o início do trabalho de integração: “Fomos a primeira cooperativa no oeste do Paraná a implantar a criação de frangos nesse sistema. Conhecíamos pouco, mas fizemos pesquisas e investimos em todas as áreas: incubatório, matrizeiro, frigorífico. Começamos a abater em 5 de maio de 1982. No início foi um desafio, no entanto, depois a decisão se mostrou extremamente acertada. A atividade trouxe oportunidade ao cooperado, gerou emprego e renda, proporcionando riquezas para toda a região. Esse modelo foi aplicado às demais atividades, como suinocultura, bovinocultura de leite e piscicultura - vários modelos hoje sustentados pelas nossas integrações".

A cadeia das carnes atingiu preços competitivos pela capacidade que as cooperativas têm de trabalhar com maior escala e aproveitar praticamente todo o produto, descartando poucos resíduos, num sistema que tem sido um grande diferencial para alavancar a renda em pequenas propriedades.

• Cooperativas centrais e singulares

Outro modelo de intercooperação presente no Paraná são as cooperativas de segundo grau, as chamadas cooperativas centrais. É o caso da Frimesa, uma sociedade de cinco cooperativas da região oeste do Paraná (Lar, C.Vale, Primato, Copagril e Copacol), criada com o objetivo de concentrar a industrialização e a comercialização de leite e carne suína. Cada uma delas desenvolve outras atividades próprias. A união foi realizada com o objetivo de ganhar escala no processamento e abrir novos mercados.

Com a centralização da atividade industrial, as cooperativas permanecem competitivas e ganham fôlego para investir em novas tecnologias. Nesse sentido, a Frimesa já conseguiu instalar no parque industrial robôs que aumentam o rendimento e a eficiência tanto no processamento de laticínios como de embutidos de carne.

Irineo da Costa Rodrigues, presidente da Cooperativa Lar (que faz parte da Central Frimesa),

Robô na unidade da Frimesa em Medianeira dá mais velocidade e eficiência à linha de embalagens de presunto

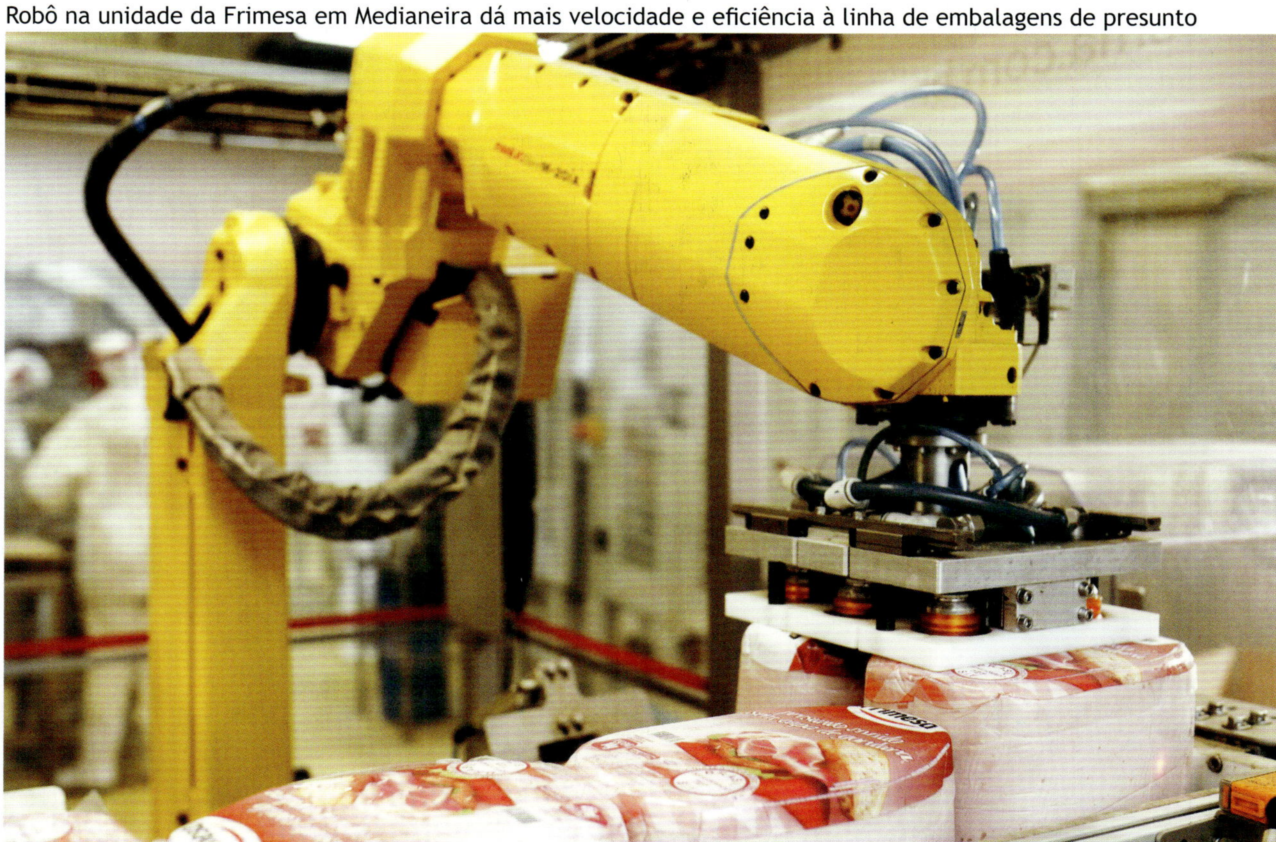

explica a sinergia que as centrais promovem para todo o sistema: "Cada cooperativa não precisa se preocupar com o seu processo industrial ou com a logística. Não ficamos oferecendo várias marcas de produtos industrializados no mercado, porque temos uma marca única. Além disso, a cooperativa central comanda esse processo com mais eficiência, diluindo os custos. O resultado é melhor para a cooperativa central, para as singulares e, no final, melhora a distribuição dos lucros também para os cooperados".

As cooperativas de crédito são, no entanto, as que têm utilizado mais esse formato. O Sistema Sicoob, por exemplo, é o maior: conta em todo o país com dezesseis cooperativas centrais e 372 singulares.[12]

12 No capítulo *Um século e meio de história* (pp. 14-37) encontram-se mais informações de como se estruturam no Brasil as cooperativas singulares, as centrais e as confederações.

• Intercooperação no setor industrial

Um bom exemplo dessa nova forma de ação é a Coonagro, uma central que reúne nove cooperativas paranaenses. O principal objetivo é produzir fertilizantes para as associadas. Para isso, conta com uma grande indústria localizada no Porto de Paranaguá com capacidade para fornecer 700 mil toneladas de adubo/ano. As associadas são as seguintes: Frísia, Castrolanda, Capal, Agrária, Coopagrícola, Coanorp, Cooperval, Cocari e Bom Jesus.

Luiz Roberto Baggio, diretor-presidente da Bom Jesus, diz que os investimentos têm importância estratégica para o futuro da cooperativa: "Do ponto de vista de industrialização, optamos pela intercooperação. Hoje, participamos da Coonagro no setor de fertilizantes e estamos investindo também em outros projetos. É uma forma diferente de crescimento para alavancar a escala de operação".

Unidade de secagem e armazenamento da Cooperativa Bom Jesus em Palmeira

Um dos novos projetos que Baggio refere é a construção de uma maltaria na região dos Campos Gerais, em sociedade com outras cinco cooperativas: Agrária, Frísia, Castrolanda, Capal e Coopagrícola. Com tradição no cultivo da cevada, contam nesse ramo com a experiência industrial da Agrária. A nova maltaria está prevista para entrar em operação em 2023 e deverá produzir 240 mil toneladas de malte/ano. Esse volume representa hoje cerca de 15% da produção nacional.

A Bom Jesus também está ampliando a estrutura de armazéns. O principal investimento foi a compra de uma unidade para secar e armazenar os grãos no município de Palmeira com capacidade para 950 mil sacas. Com a aquisição, a cooperativa passa a ter capacidade de armazenar 1,2 milhão de sacas de cereais só em Palmeira. No total, a Bom Jesus tem 25 unidades em treze municípios e conta com 5,5 mil cooperados.

Outro bom exemplo de otimização de recursos do sistema é a Cotriguaçu Cooperativa Central. Com o intuito de melhorar a logística e ganhar mais competitividade, quatro cooperativas do oeste do Paraná se associaram na Cotriguaçu Cooperativa Central. Lar, C.Vale, Coopavel e Copacol compraram espaço no Porto de Paranaguá e construíram um terminal com seis armazéns para facilitar a exportação de grãos e melhorar a negociação com armadores, terminais e fretes marítimos.

A Cotriguaçu também montou um terminal rodoferroviário na Ferroeste, em Cascavel, oeste do Paraná. Mais um ponto estratégico de logística para exportações, com câmara fria para armazenagem de produtos congelados, armazém graneleiro para transbordo e pátio de contêineres. Nesse modelo de intercooperação, as associadas conseguiram melhorar a qualidade dos serviços de transporte e reduzir em pelo menos 10% a tarifa do frete.

Armazéns graneleiros da Cotriguaçu no Porto de Paranaguá

- **Novos instrumentos de marketing e plataformas digitais**

Unium

Em 2017, três cooperativas dos Campos Gerais inovaram ao criar uma marca institucional única para dar identidade aos produtos que já conduziam na forma de intercooperação. Capal, Castrolanda e Frísia criaram a Unium, com o objetivo de unificar a gestão das marcas Alegra (carnes), Naturalle (laticínios sem aditivos), Colônia Holandesa (laticínios), Herança Holandesa (farinhas), Colaso (laticínios) e Energik (bioenergia). A Unium destaca-se pelo fato de não se tratar de fusão entre as cooperativas nem da criação de uma nova pessoa jurídica, mas faz a gestão das marcas, num complexo formato de governança de negócios, produção e logística.

O modelo se baseia na liderança de cada uma das três cooperativas em negócios específicos, em que cada uma delas já possui estrutura ou mais experiência. Embora a operação seja de responsabilidade da cooperativa-líder, as decisões são tomadas em comum acordo por meio de comitês gestores. O formato busca otimizar as plantas industriais das cooperativas e evitar investimentos duplicados ou concorrência desnecessária.

Supercampo.com

Na vanguarda das tendências de mercado, doze grandes cooperativas do agro se uniram no fim de 2020 para potencializar os negócios por meio das oportunidades que o mundo digital oferece. Para tanto, criaram a plataforma de *marketplace* Supercampo.com, que oferece grande variedade de produtos agropecuários aos cooperados.

A empresa, com sede em Curitiba (PR), entrou em operação em 2021 para atender inicialmente mais de 80 mil cooperados. O objetivo é trazer preços mais competitivos, ampliando o acesso a produtos e oferecendo agilidade na entrega e bom nível de retorno (*cashback*). Além das vendas, a Supercampo.com tem como objetivo fortalecer a presença das cooperativas no meio digital e fidelizar as novas gerações de cooperados.

A plataforma tem a adesão de oito cooperativas paranaenses e quatro de outros Estados: Agrária (Entre Rios, PR); Capal (Arapoti, PR); Castrolanda (Castro, PR); Frísia (Carambeí, PR); Coopertradição (Pato Branco, PR); Copacol (Cafelândia, PR); Integrada (Londrina, PR); Lar (Medianeira, PR); Cooperalfa (Chapecó, SC); Copercampos (Campos Novos, SC); Cotrijal (Não-me-toque, RS); e Coplacana (Piracicaba, SP). Transcende assim as fronteiras paranaenses. A organização é vista com bons olhos pela Sociedade Nacional da Agricultura (SNA), como comenta o presidente, Antonio Melo Alvarenga Neto: “Acompanhamos com entusiasmo esse processo de transformação digital. A Supercampo permite a adesão de cooperativas de todo o país, proporcionando a seus associados expressivos ganhos operacionais e financeiros”.

A SNA fundada em 1897, é a mais antiga entidade voltada ao desenvolvimento do agro brasileiro, com foco na educação e difusão de novas tecnologias.

- **Feiras agropecuárias**

As feiras, exposições e dias de campo são grandes vitrines da potência econômica e tecnológica das cooperativas paranaenses. Com a pandemia do Coronavírus, as cinco feiras do Estado foram realizadas em 2021 de forma virtual. Em épocas normais, são promovidos, no entanto, grandes eventos que dão oportunidade aos agricultores de atualizar os conhecimentos. O Show Rural da Coopavel, no oeste do Estado, por exemplo, é uma das principais feiras agropecuárias do país, tendo se tornado referência na difusão de tecnologia, inovações e tendências para as atividades do campo.

Na edição de 2020, o Show Rural reuniu 650 expositores (dentre empresas públicas, privadas, instituições de pesquisas e órgãos governamentais), atraiu quase 300 mil visitantes e movimentou R$ 2,2 bilhões em negócios. A feira é realizada desde 1989, geralmente no mês de fevereiro, e traz as principais novidades em máquinas, implementos, agroquímicos, nutrição animal, cultivares em canteiros de demonstração e palestras para os agricultores.

Canteiro de demonstração no Show Rural da Coopavel: as mais recentes novidades em pesquisa

Na região de Campos Gerais do Paraná, na cidade de Castro (capital nacional do leite), a Castrolanda promove em agosto um dos maiores eventos do país da cadeia leiteira. A Agroleite é uma vitrine internacional do setor, trazendo anualmente o que há de mais moderno em pesquisas e experimentos em qualidade e performance da produção de leite e criação de rebanho leiteiro.

A Agroleite é palco de seminários, fóruns, palestras que discutem genética, alimentação, manejo e tecnologias do setor. A feira se tornou também uma grande oportunidade de negócios para empresas e cooperativas do ramo. Em 2019, recebeu 75 mil visitantes, 34 investidores e 259 empresas expositoras, que trouxeram 700 animais. O evento movimentou R$ 78 milhões em negócios.

Agroleite, realizada pela Castrolanda sempre em agosto: vitrine de novas tecnologias para o setor leiteiro

A Safratec é realizada normalmente em janeiro na Unidade de Difusão de Tecnologias da Cocamar no município de Floresta, próximo a Maringá. Entre os diferenciais, estão a inovação e a produção sustentável. Em 2021, com a pandemia, o evento ganhou uma versão digital, que recebeu dezenas de milhares de visualizações.

Safratec, feira promovida todo mês de janeiro pela Cocamar na Unidade de Difusão de Tecnologias em Floresta

O mês de maio, em Cafelândia, é o período de realização do CPAgro, o maior evento de relacionamento com os cooperados Copacol. Englobando todas as atividades da cooperativa, busca atualizar o produtor sobre questões de mercado, inovações no manejo e equipamentos modernos para o sistema de produção, garantindo a rentabilidade nos negócios.

CPAgro: evento de tecnologia rural promovido em maio pela Copacol em Cafelândia

Localizadas numa das regiões mais frias do Paraná, a Agrária e a Fundação Agrária de Pesquisa Agropecuária (Fapa) promovem anualmente o WinterShow, evento que tem o foco nos cereais de inverno. Realizada normalmente no mês de outubro, a feira mostra os avanços em tecnologia, com destaque para os resultados das pesquisas desenvolvidas pela Fapa sobre cevada e trigo. Em 2019, a WinterShow atraiu 5 mil visitantes e noventa empresas.

WinterShow, realizado sempre em outubro pela Agrária/ Fapa em Guarapuava: tecnologia para culturas de inverno

CAPILARES DO SISTEMA FINANCEIRO NACIONAL

O crédito transfere riquezas e possibilita que os diferentes agentes econômicos - pessoas físicas, jurídicas e governos - efetuem de imediato operações que, em condições normais, somente realizariam após acumular os recursos. Isso poderia exigir meses ou até anos. Logo, o crédito permite antecipar investimentos, serviços e consumo dos mais variados itens.

Desde que utilizado com parcimônia e custos adequados aos tomadores, o crédito é um dos mais poderosos meios de aceleração do desenvolvimento econômico e ainda pode ser instrumento de inclusão social. É nesse aspecto que as cooperativas têm papel relevante dentro do Sistema Financeiro Nacional (SFN), porque operam com custos mais baixos e chegam a localidades que são pouco atrativas para bancos comerciais. No final de 2020, em mais de 300 municípios brasileiros, a única instituição financeira presente era uma agência do Sistema de Cooperativas Financeiras do Brasil (Sicoob).

O SFN é dividido em cinco níveis: Banco Central do Brasil (BCB), responsável por regular a quantidade de dinheiro em circulação, mantendo a estabilidade da moeda, e até as tarifas bancárias;

A colheita mecanizada de trigo na região norte do Paraná é financiada por cooperativas de crédito bancos estatais (Banco do Brasil, Banco Nacional de Desenvolvimento Econômico e Social e Caixa Econômica Federal), que atuam em áreas de pouco interesse para os bancos comerciais, que ocupam o terceiro e quarto nível; e as cooperativas de crédito ou financeiras na base do sistema.

As cooperativas têm demonstrado ser fortes promotoras do crescimento regional, uma vez que aplicam nas áreas em que atuam a maior parte dos recursos ali captados. É o inverso do que normalmente fazem os bancos comerciais, que investem de acordo com os interesses dos acionistas, favorecendo atividades e regiões em que os custos de oportunidade são mais favoráveis e os resultados mais promissores.

O impacto das cooperativas nas comunidades tem sido medido por um indicador econômico-financeiro denominado *resultado social*, *resultado social econômico* ou *resultado em benefício da sociedade*, entre outros nomes. Esse índex é composto pela economia obtida em juros e tarifas pelos associados nas operações realizadas em cooperativas em comparação com o que desembolsariam pelas mesmas movimentações em uma instituição financeira comercial.

É um valor considerável que, somente nas 372 organizações que integram o Sicoob, somou R$ 8,3 bilhões em 2020.[1] Completando o indicador, a essa economia se soma a participação nos resultados, por meio da distribuição das sobras de cada exercício. Com isso, o cooperado recebe de volta, proporcionalmente à movimentação realizada, parte do que desembolsou durante o ano. Na prática, esse resultado social equivale ao dinheiro que, não sendo desembolsado pelos cooperados ou retornando a eles, permanece nas comunidades, onde é aplicado em negócios locais, gerando receita e emprego e, consequentemente, contribuindo para o desenvolvimento socioeconômico.

Apesar de todos os benefícios que proporciona, o cooperativismo de crédito ainda tem presença modesta no mercado. Nesse sentido, no final de 2020, o BCB estabeleceu uma meta desafiadora para o segmento: dobrar a participação no SFN até o final de 2022, ou seja, alcançar aproximadamente 20% do bolo.

Origens e evolução no mundo

O cooperativismo de crédito surgiu na segunda metade do século XIX. As primeiras iniciativas eram diferentes entre si e não tinham relação direta com os princípios criados em Rochdale. Porém, ao longo do tempo, esse ramo, como os demais que surgiram, se amoldou a regras que hoje são seguidas no mundo inteiro.

A constituição das primeiras cooperativas de crédito foi obra de quatro líderes, que, trabalhando isoladamente, desenvolveram modelos de negócio próprios: Raiffeisen (1847) e Schulze-Delitzch (1856), ambos na Alemanha; Luzzatti (1865), na Itália; e Desjardins (1900), no Canadá. A proposta de cada um é explicada a seguir.

RAIFFEISEN - Friedrich Wilhelm Raiffeisen (1818-1888) foi prefeito de três cidades alemãs. Em contato direto com as dificuldades da população local, impôs-se a missão de melhorar as condições de vida principalmente dos produtores rurais. Foi motivado pela profunda crise agrícola

1 GARCIA, Larissa. Clientes de cooperativas deixaram de pagar R$ 8,3 bilhões em custos bancários em 2020. Folha de S. Paulo. Folhainvest, 26/04/2021. Disponível em: https://www1.folha.uol.com.br/mercado/2021/04/clientes-de-cooperativas-deixaram-de-pagar-r-83-bilhoes-em-custos-bancarios-em-2020.shtml. Acesso em: 26 abr. 2021.

Friedrich Wilhelm Raiffeisen (1818-1888)

que assolou o país em 1846 e 1847, agravada pela falta de crédito para os pequenos proprietários de terra.

Desde o início, acreditava que a cooperação entre os próprios agricultores seria o remédio para a dificuldade e, com essa convicção, criou em 1847 uma associação para apoiá-los. Em 1864, fundou a primeira cooperativa de crédito da história: a Heddesdorfer Darlehnkassenverein (Associação de Caixas de Empréstimo de Heddesdorf), cujo capital inicial foi sua pequena fortuna pessoal.

As regras de funcionamento da instituição incluíam: responsabilidade ilimitada e solidária dos associados; igual direito de voto independentemente do número de cotas-parte; gestão não remunerada executada por cooperados eleitos pela maioria dos associados; área de atuação restrita; e não distribuição de sobras, excedentes ou dividendos, que deveriam ser capitalizados para fortalecer a cooperativa. Em 1872, Raiffeisen fundou um banco cooperativo regional e, em 1876, um banco cooperativo nacional.

SCHULZE-DELITZCH - Franz Hermann Schulze (1808-1883), economista e jurista nascido em Delitzsch, na Prússia, era assessor do Tribunal de Justiça de Berlim e, em 1848, foi eleito para a Assembleia Nacional da Alemanha. Na atividade parlamentar, foi presidente da comissão de inquérito que investigou as condições de vida de assalariados e artesãos. Ante as dificuldades que enfrentavam, concluiu que seria necessário criar meios que possibilitassem financiar as atividades dos trabalhadores em condições menos onerosas do que as impostas pelos banqueiros e financistas de então.

Franz Hermann Schulze (1808-1883)

Como resultado das análises, criou um projeto pioneiro de cooperativismo de crédito urbano e, em 1856, organizou na cidade natal a primeira *associação de dinheiro antecipado* (expressão que empregou para denominar o crédito). As cooperativas fundadas por ele foram classificadas com a junção de seu nome e cidade: Schulze-Delitzsch, atualmente conhecidas na Alemanha como Volksbanken (Banco do Povo ou Banco Popular).

LUZZATTI - Luigi Luzzatti (1841-1927), líder político e economista italiano, foi ministro das Finanças de vários governos e primeiro-ministro nos anos de 1910 e 1911. Entrou para a história da Itália por três iniciativas principais: promoveu a tolerância religiosa (o que se explica pelo fato de ter sido o primeiro judeu a ocupar o cargo de ministro em um país reconhecidamente católico); defendeu os direitos das minorias; e, como ação de maior realce, criou as cooperativas de crédito mútuo, a primeira delas em 1865 em Milão.

No Brasil, as cooperativas do tipo Luzzatti foram muito populares na década de 1940 a 1960, tendo como principais características a não-exigência de vínculo dos sócios a alguma atividade, devendo ser obedecido apenas algum limite geográfico (bairro, município etc.); cotas de capital de pequeno valor; e concessão de crédito igualmente de pequeno valor sem garantias reais.

Acredita-se que, nos anos 1930 a 1950, 1,2 mil cooperativas desse tipo foram criadas no Brasil. Porém, muitas, particularmente nos grandes centros, eram controladas por grupos de aventureiros, que as geriam em benefício próprio. Motivo pelo qual a abertura desse tipo de cooperativa é proibida no Brasil desde 1992.

DESJARDINS - o jornalista Alphonse Desjardins (1854-1920), que trabalhava como taquífrago na Câmara dos Deputados de Québec, no Canadá,

Luigi Luzzatti (1841-1927)

Alphonse Desjardins (1854-1920)

ficou revoltado com as condições de vida da população dessa província, que, no final do século XIX, tinha 1,6 milhão de habitantes, em maioria agricultores. As últimas décadas dos anos 1800 haviam sido marcadas por colheitas pobres, e, ao tempo em que a renda caíra, o custo dos insumos subira.

Muitos fazendeiros foram forçados a contrair débitos pesados e, sem poder pagá-los, perderam as terras, migrando para cidades maiores, para trabalhar em fábricas, com salários baixos, demanda por mão de obra instável e alojamentos imundos. Montreal, principal cidade da província, era uma das mais insalubres do mundo, com altíssimo índice de mortalidade infantil.

Desjardins decidiu investigar como os produtores eram apoiados em outras partes do mundo. Com base na experiência dos bancos populares e das caixas rurais na Europa, estabeleceu um novo tipo de cooperativa de poupança e crédito, que permitiria aos trabalhadores serem donos do próprio banco. Desse modo, planejava combater a usura e oferecer à comunidade um novo instrumento de organização econômica. Em 06/12/1900, reunindo 131 cidadãos do município de Lévis, fundou a primeira Caisse Populaire (Caixa Popular), que deu origem a uma extensa rede e se tornou o maior grupo financeiro do país, hoje com 7,5 milhões de membros e clientes (dados de janeiro/2021).

A força do crédito cooperativo

As cooperativas de crédito desempenham hoje papel fundamental na aplicação dos recursos utilizados no país para custeio, investimento e comercialização dos produtos agrícolas. Na safra 2019-2020, por exemplo, dos R$ 106 bilhões disponibilizados para o custeio por todo o SFN, o crédito cooperativo entrou com R$ 26 bilhões, ou seja, 24% do total. Olhando apenas o Estado do Paraná, as cooperativas de crédito responderam por 40% dos recursos aplicados no custeio. O volume total de crédito destinado por todo o sistema financeiro para apoiar o plantio no Estado foi de R$ 14,8 bilhões, e as cooperativas de crédito participaram com R$ 5,9 bilhões.

Tabela 1 • Crédito rural: safra 2019-2020 (em R$/bilhões)

	Custeio	Investimento	Comercialização	Industrialização	Total
Cooperativas de crédito (PR)	5,9	1,2	0,6	0	**7,7**
Cooperativas de crédito (Brasil)	26,1	6,1	2,2	0,1	**34,5**
Total SFN (*)	106,9	48,9	23	11	**189,8**

(*) Inclui os bancos comerciais.
Fonte: dados básicos do BCB/Elaboração: Getec/Ocepar (2021)

As cooperativas de crédito do Paraná aplicaram quase R$ 6 bilhões para apoiar o plantio e o custeio da safra 2019-2020

A conta do investimento também é expressiva. O volume aplicado no financiamento de máquinas e instalações por todas as instituições financeiras no Estado chegou a R$ 5,3 bilhões. A fração das cooperativas de crédito foi de R$ 1,2 bilhão, ou seja, 22% do total. É importante considerar as vantagens e a capilaridade do sistema cooperativo, que consegue atender os agricultores com taxas mais baixas em locais onde os bancos ainda não chegaram.

Primeiros passos no Brasil

A história do cooperativismo de crédito no Brasil teve início no município de Nova Petrópolis, nas Serras Gaúchas, por iniciativa do padre jesuíta suíço Theodor Amstad. Ele havia desembarcado no Brasil em 1885 com a missão de prestar assistência não só religiosa, mas também econômica, social e cultural, a colonos de origem germânica na então província do Rio Grande do Sul. Para exercer as tarefas, nas quais também dava atenção a imigrantes italianos da região, viajava montado em uma mula.

Na safra 2019-2020, as cooperativas de crédito do Paraná investiram R$ 1,2 bilhão em máquinas e instalações

Em 1902, buscando melhorar as difíceis condições em que viviam os pequenos proprietários rurais, isolados do mercado, Amstad fundou um sistema de empréstimos denominado Bauernkasse (Caixa dos Agricultores, em tradução livre)[2], seguindo o modelo alemão proposto por Raiffeisen. Foi a primeira cooperativa de crédito do país, o que justifica o apelido dado a Nova Petrópolis de Capital Nacional do Cooperativismo.

Logo depois, o padre elaborou um conjunto de diretrizes para a constituição desse tipo de organização, antes mesmo que o governo brasileiro editasse, em 1903, a primeira lei a tratar do tema. Com isso, incentivou os produtores a se associarem para que, assim, contornassem as dificuldades que enfrentavam. Nos anos seguintes, com o mesmo objetivo, participou diretamente ou como inspirador da criação de mais 36 cooperativas, uma delas em Santa Catarina. Adicionalmente, fundou o primeiro sindicato rural do Rio Grande do Sul.

Apelidado de "pequeno padre", dada a baixa estatura, e "pai dos colonos", pela obra social que deixou, Theodor Amstad recebeu em 2019 o título de Patrono do Cooperativismo Brasileiro, oficializado pela Lei nº 13.926.

2 Essa primeira cooperativa continua em operação e, em 1990, passou a fazer parte do sistema Sicredi, com a denominação de Sicredi Pioneira.

Longo período de controle estatal

Embora seja centenário, o cooperativismo de crédito brasileiro, com a estrutura atual, só começou a desenvolver-se no início dos anos 1980. Antes disso, no que diz respeito à regulamentação, foram publicadas algumas decisões estabelecendo regras e limites para o sistema financeiro e, em particular, para o segmento cooperativista.

1932. O Decreto do Poder Legislativo nº 22.239 regulamentou a criação de cooperativas centrais e criou quatro tipos de cooperativa de crédito singulares, como segue.

- **Cooperativa de Crédito Agrícola** (modelo Raiffeisen), cujo quadro social deveria ter no mínimo

As cooperativas de crédito do Paraná aplicaram R$ 600 milhões na comercialização da safra 2019-2020. O volume correspondeu a 17% do total de recursos aplicados por todo o sistema financeiro nessa atividade

60% de agricultores, só poderia operar em pequenas circunscrições rurais, jamais excedendo o território de um município, e seus empréstimos deveriam servir para o fomento da produção rural, não podendo ser destinados a incentivar o consumo.

- **Cooperativa de Crédito Mútuo** (modelo Desjardins), exigia vínculo entre os associados (profissão, empresa ou classe profissional).

- **Cooperativa Popular de Crédito Urbano** (modelo Luzzatti), permitia a livre admissão de associados de qualquer ramo de atividade ou profissão.

- **Cooperativa de Crédito Profissional, de Classe ou Empresa**, para as quais não se exigia vínculo entre os associados, desde que tivessem características comuns entre si.

1945. Instituída a Superintendência da Moeda e do Crédito (Sumoc) pelo Decreto-Lei nº 7.293 de 02/02/1945. Até então, não havia nenhuma organização institucional encarregada do controle da oferta de moeda, sendo todas as funções de autoridade monetária exercidas pelo Banco do Brasil. A criação da Sumoc foi proposta em 1944 pelo advogado e economista Otávio Gouveia de Bulhões (que, entre 1964 e 1967, ocupou o cargo de ministro do Planejamento, no primeiro governo do período de intervenção militar). Ele acabara de participar, como membro da delegação brasileira, da Conferência de Bretton Woods, nos Estados Unidos, que resultou na fundação do Banco Mundial e do Fundo Monetário Internacional (FMI). A Sumoc seria o embrião do futuro Banco Central do Brasil (BCB). Com isso, o país se alinhava à ordem econômica internacional do pós-guerra.

1951. Criação do Banco Nacional de Crédito Cooperativo (BNCC), destinado a dar assistência e amparo às cooperativas, função antes exercida pela Caixa de Crédito Cooperativo, criada em 1943, durante a ditadura Vargas.

1962. Suspensão de todas as autorizações e registros de novas cooperativas de crédito ou com seções de crédito.

1964. Criação do BCB, que passou a ser o responsável pela autorização de abertura, fiscalização e controle das cooperativas de crédito, funções antes desempenhadas pelo Ministério da Agricultura.

1965. O Conselho Monetário Nacional (CMN) determinou em 1965, por meio da Resolução nº 11, a "[...] extinção das atividades creditórias exercidas por sucursais, agências, filiais, departamentos, escritórios ou qualquer outra espécie de dependência existente em cooperativa de crédito [...]" e vedou às cooperativas de crédito o uso da palavra "banco" na denominação. Tornou a autorizar a constituição de cooperativas de crédito, suspensa em 1962, mas apenas de dois tipos: a) crédito rural; b) crédito mútuo, com quadro social formado por empregados de determinada empresa ou entidade pública ou privada.

1966. O CMN estabeleceu em 1966, por meio da Resolução nº 15, que as cooperativas de crédito e as seções de crédito das cooperativas mistas somente poderiam captar depósitos à vista dos associados. Isso provocou novas dificuldades para a expansão e consolidação das organizações do setor.

Lideranças paranaenses se posicionam

Em 1967, reunidas no I Encontro de Dirigentes Cooperativistas realizado no Paraná, as lideranças estaduais do setor reagiram formalmente às normas publicadas em 1965 e 1966, por meio de um documento encaminhado ao então ministro do Planejamento, Otávio Gouveia de Bulhões, ao ministro da Fazenda, Antônio Delfim Netto, e ao governador do Estado, Paulo Pimentel: "Proíbe a lei vigente que as cooperativas mistas, inclusive as formadas por produtores agrícolas, mantenham seções de crédito. Ora, isso constitui um autêntico atentado contra os lavradores cooperativistas, que são proibidos de receberem um benefício normal, efetivo e imprescindível, já que é sabido que os bancos não podem proporcionar um crédito agrícola orientado, supervisionado e fiscalizado, como as cooperativas. Portanto, deve ser eliminada a proibição, de modo que as cooperativas mistas possam manter seções de crédito, ainda que para financiar, exclusivamente, as atividades dos lavradores".

No encontro, as lideranças se queixaram da baixa operosidade dos órgãos que deveriam representar o cooperativismo: "As cooperativas do Paraná, representadas no I Encontro de Dirigentes de Cooperativas, em número impressionante, dirigem-se indistintamente, tanto à Diretoria da Unasco como à Diretoria da Abcoop, clamando com grande insistência que se faça assunto da primeira ordem, com prioridade absoluta, a reunificação do cooperativismo brasileiro". Mais adiante, o documento lembrava que: "[...] no Paraná já se resolveu unir todas as cooperativas, independentemente de sua filiação à Unasco ou à Abcoop, na União das Cooperativas no Paraná".

A posição do Paraná, somada a de outros líderes, em especial de São Paulo, contribuiu para sensibilizar as autoridades federais, culminando na fundação da Organização das Cooperativas Brasileiras (OCB) no IV Congresso Brasileiro de Cooperativismo, realizado em 1969 em Belo Horizonte (MG).

Novos avanços foram registrados a partir de então.

1971. Foi sancionada a Lei Geral do Cooperativismo (Lei nº 5.764/71), que continua em vigor e definiu as cooperativas como sociedades de pessoas, de natureza civil, constituídas para prestar serviços aos associados e às comunidades onde atuam.

1972. Em junho, a Ocepar lançou o jornal *Paraná Cooperativo,* como órgão oficial de divulgação e comunicação do cooperativismo estadual. Na primeira edição, o título principal publicado na página 4 continha um aviso preocupante: "Cancelamento de registro ameaça 88 cooperativas".

A lista das organizações em risco incluía sociedades de consumo, agrícolas e de crédito. Estas últimas chamavam a atenção porque as autoridades estavam atentas ao segmento, em função de problemas que algumas cooperativas vinham causando, colocando em xeque a credibilidade de todo o sistema financeiro.

A matéria referia-se a um edital do Instituto Nacional de Colonização e Reforma Agrária (Incra), órgão responsável por controlar e fiscalizar as cooperativas, exceto as que atuavam no ramo habitacional e de crédito. O fato de organizações de crédito serem citadas no edital indicava que o Incra também estava incumbido de acompanhá-las, porque a maioria delas operava com produtores rurais.

Um novo tempo se inicia

O rigoroso controle exercido pelo governo sobre as cooperativas fez com que, do início dos anos 1960 até o final dos anos 1970, o ramo de crédito ficasse reduzido a 430 sociedades em todo o país, muitas em dificuldades. Não há registros

As cooperativas de crédito exercem papel fundamental no apoio à produção e comercialização de produtos agrícolas

precisos sobre o número de cooperativas constituídas e fechadas até então, mas passavam de mil.

Duas situações contribuíram para essa redução. De um lado, organizações com baixo grau de profissionalização e deficiências na gestão acabaram definhando pelas próprias fraquezas. De outro, as restrições impostas pelas normas oficiais desestimularam as cooperativas a investir na capacitação profissional dos quadros e, consequentemente, em melhorias na gestão.

No final da década de 1970, o interesse pelo desenvolvimento do segmento de crédito rural passou a ser manifestado de forma mais intensa pelos líderes cooperativistas. Assim, por exemplo, em 1978, o diretor executivo da Ocepar, João Paulo Koslovski, visitou a Cooperativa Agrícola de Cotia, em São Paulo, acompanhado pelo assessor de cooperativismo da Emater, Airton Luiz Bergamini, e de Maurício Daher, representando a Secretaria de Agricultura do Paraná.

O objetivo era conhecer em detalhes como funcionavam as cooperativas de crédito rural e avaliar a viabilidade de implantá-las no Paraná. Koslovski declarou ao retornar: “O que se observou em São Paulo é um modelo que pode ser adotado pelo Brasil inteiro, em vista da participação destacada da cooperativa de crédito rural no financiamento dos principais produtos”.

Nesse cenário, despontou nacionalmente a figura de um líder cooperativista gaúcho: Mário Kruel Guimarães (1924-2011). Analisando as turbulências que marcaram o setor nos anos 1970, ele publicou um estudo em 1978 fazendo um diagnóstico incisivo: “No Brasil, o número de cooperativas fracassadas é muito maior do que o das que ainda estão por aí”. E complementou: “Nossos estudos indicam que a maioria das quebras de cooperativas de crédito se explica por três coisas: 1 - falta de integração; 2 - falta de autofiscalização; 3 - falta de capacitação”.

Busto de Mário Kruel Guimarães de autoria do escultor Iouri Petrov instalado no Pátio Raiffeisen do Centro Administrativo do Sicredi em Porto Alegre

Kruel Guimarães exerceu forte influência na nova configuração do cooperativismo de crédito brasileiro. Foi o responsável pelo processo que resultou na união, em outubro de 1980, de nove das onze cooperativas de crédito remanescentes no Rio Grande do Sul, criando a Cooperativa Central de Crédito Rural (Cocecrer). Esta, na sua visão, representava o modelo que daria início à criação de um verdadeiro sistema nacional de crédito rural cooperativo.

No Paraná em particular, Kruel Guimarães teve presença inspiradora em um encontro realizado pela Ocepar entre 21 e 23/07/1981 no município de Medianeira, reunindo cerca de 500 líderes dos comitês educativos das cooperativas do Estado. A explanação que fez despertou na maioria não só o desejo mas a determinação de trabalhar para que o segmento fosse reconstruído em novas bases.

Comitê para tratar de crédito

Uma semana depois do encontro em Medianeira, a Ocepar se reuniu com as cooperativas centrais a fim de definir a linha a ser adotada na criação das novas cooperativas de crédito rural. Ficou decidido que seria realizado um seminário para discutir o tema. Como medida preparatória, dois técnicos foram encarregados de visitar as cooperativas gaúchas durante uma semana e colher subsídios sobre o funcionamento.[3]

O seminário foi realizado em 30 e 31 de agosto. Além de autoridades do BNCC e da Secretaria da Agricultura, tiveram participação destacada no evento o presidente da Ocepar, Guntolf van Kaick, e o ex-presidente Benjamin Hammerschmidt, recém-empossado diretor do BNCC. As informações apuradas nas visitas ao Rio Grande do Sul marcaram a abertura do encontro, que culminou com a criação do Comitê Pró-Constituição das Cooperativas de Crédito.[4]

O comitê foi instalado na sede da Ocepar, utilizando-se de sua estrutura e apoio técnico e financeiro, e passou a coordenar todas as ações de defesa e desenvolvimento das cooperativas de crédito, bem como a constituição das novas sociedades. Em matéria publicada pelo *Informe Paraná Cooperativo* em 04/12/2015, Nelson Costa, então superintendente adjunto da Ocepar, relembra: "Inicialmente, orientamos a criação de três cooperativas: a Credipagro (Toledo), a Credival (Londrina) e a Credivel (Cascavel). Na sequência, percorremos o Estado inteiro, incentivando a criação de cooperativas de crédito, o que resultou na constituição de mais de 35 e da Cooperativa Central de Crédito Rural do Panará (Cocecrer/PR)".[5]

O modelo transformador recomendado por Mário Kruel Guimarães foi integralmente adotado pelo comitê, ao estabelecer como deveriam ser constituídas as novas sociedades: "A cooperativa de crédito rural terá a mesma diretoria, a mesma área de ação e o mesmo associado que a cooperativa agropecuária. Nos municípios em que existam mais de uma cooperativa agropecuária atuando, poderá ser constituída uma única cooperativa de crédito rural. A definição dependerá de estudo entre as cooperativas da região e o comitê pró-constituição das cooperativas de crédito rural. Os municípios comuns a duas ou mais cooperativas agropecuárias serão também comuns às cooperativas de crédito rural".

Nova meta: banco próprio

Em 15/03/1990, tomava posse Fernando Collor de Mello, primeiro presidente da República eleito após o período de intervenção militar. No dia seguinte, o país acordou sob o Plano Brasil Novo, que estabelecia uma série de medidas, dentre as quais o bloqueio do saldo de conta cor-

3 O engenheiro agrônomo Nelson Costa, do Departamento Econômico da Ocepar, e Willian Vriesman, da Cooperativa Central de Laticínios do Paraná Ltda. (CCLPL).

4 O comitê era integrado por Nelson Costa, da Ocepar, como coordenador; Pedro Cebrian, da Emater, como executivo; além de Pedro Sniezeck, da Cooperativa Central Agropecuária do Paraná (Cocap), mais tarde substituído por Waldomiro Kreusch, técnico contábil da Ocepar.

5 INFORME PARANÁ COOPERATIVO. Visita: Presidente Koslovski destaca crescimento consistente do Sicredi. Sistema Ocepar, 04/12/2015. Disponível em: http://www.paranacooperativo.coop.br/ppc/index.php/sistema-ocepar/comunicacao/2011-12-07-11-06-29/ultimas-noticias/106590-visita-presidente-koslovski-destaca-crescimento-consistente-do-sicredi. Acesso em: 18 dez. 2020.

rente e poupança acima de NCr$ 50 mil (cruzados novos). O objetivo era retirar do mercado 80% do dinheiro em circulação, visando controlar a hiperinflação, cujo índice acumulado durante o ano de 1989 havia atingido 1.782,9%.

Outras mudanças decretadas visavam à reforma administrativa, com a extinção de várias empresas públicas e autarquias, dentre as quais o BNCC. Com isso, da noite para o dia, as cooperativas ficaram sem talão de cheque e sem conta corrente para a compensação de movimentações financeiras. Os depósitos dos associados foram bloqueados dentro dos limites fixados, e os cheques emitidos perderam totalmente o valor.

Foi enorme o transtorno causado às cooperativas de crédito, que pouco a pouco vinham sendo implantadas e ganhando credibilidade, graças ao sucesso do modelo que havia sido proposto por Mário Kruel Guimarães. O socorro veio das cooperativas agropecuárias às quais estavam ligadas, que passaram a transferir diariamente os valores que recebiam à vista nas lojas. Porém, a movimentação desses valores continuava sendo um problema.

Em paralelo, a Cocecrer/PR negociou um acordo com o Banco do Brasil no início do segundo semestre, permitindo aos cooperados terem novamente um canal para pagamentos e recebimentos. Desse modo, os esforços para implantação do cooperativismo de crédito tiveram continuidade no Paraná. Ignácio Aloysio Donel procurou acelerar o processo quando assumiu a presidência da Ocepar em 1993, substituindo Wilson Thiesen, que deixara o cargo para assumir a presidência da OCB.

Além do financiamento de safra, há disponibilidade de crédito para máquinas e equipamentos

O convênio firmado com o Banco do Brasil representou um alívio, mas era uma solução provisória. O cooperativismo necessitava autonomia. Por isso, ganhava corpo o movimento visando à constituição do banco das cooperativas. Segundo os idealizadores, deveria ser uma instituição única, servindo a todas as organizações do setor no Brasil. Ventilou-se, de início, a hipótese de aquisição do BNCC, mas a ideia foi abandonada quando se verificou o enorme passivo trabalhista que seria herdado pelo cooperativismo.

Realização do sonho

A criação de um banco cooperativo único foi defendida pela OCB nas gestões de Roberto Rodrigues (1985-1991), Wilson Thiesen (1991-1994) e Dejandir Dalpasquale (1994-2001). Por sua vez, em 1994, o então presidente do BCB, Gustavo Loyola, em correspondência trocada com a direção da OCB, afirmou que nada tinha "[...] a opor à pretensão do sistema cooperativo brasileiro de constituir banco múltiplo, desde que observadas as normas legais e regulamentares pertinentes".

O único empecilho, ressalvou na correspondência, era o artigo 46 da Resolução nº 1.914/1992, que determinava que as cooperativas de crédito só poderiam manter depósitos no Banco do Brasil. Esse artigo precisava ser revisto para abrir a legislação ao cooperativismo de crédito. No mesmo ofício, Loyola informava que seria possível ao banco cooperativo captar recursos da

Colheita de soja financiada com crédito cooperativo em Cornélio Procópio

poupança rural, para aplicá-los na oferta de crédito agrícola, desde que o pedido fosse enviado para apreciação do CMN. O "sim" do presidente do BCB foi festejado como uma vitória antecipada das lideranças cooperativistas.

Apesar dos esforços em prol de um banco único, foi impossível conciliar os interesses das cooperativas das diversas regiões brasileiras. Isso levou o Rio Grande do Sul a optar pela constituição de banco próprio, o mesmo fez o Paraná, enquanto São Paulo e Minas Gerais propunham a criação de um banco de âmbito nacional.

Após deixar a presidência da Ocepar, em 1993, Ignácio Donel deu continuidade, na Cocecrer-PR, às ações para viabilizar o banco paranaense. A autorização para criação foi aprovada na AGE de 21/10/1994, quando se decidiu que seriam necessários R$ 6 milhões para compor o capital social do novo banco, integralizado pela Ocepar e pela Cocecrer-PR, que seriam as controladoras. A Ocepar assumiria a função de controladora até que fosse constituída a Cooperativa Central de Pesquisa, que a substituiria nessa posição.

O processo de capitalização do banco deveria ocorrer no ano seguinte, desde que superados os entraves legais citados por Loyola, o que aconteceu em 31/08/1995, por meio de resolução do BCB. Autorizava-se assim a constituição de bancos comerciais com participação exclusiva de cooperativas de crédito singulares (exceto as do tipo Luzzatti), centrais, federações e confederações de cooperativas de crédito. Os bancos deveriam ser constituídos na forma de sociedades anônimas fechadas.

No fim das contas, apesar de terem sido captados os recursos para o capital social do banco cooperativo do Paraná, o sistema estadual optou por unir-se ao Rio Grande do Sul. Assim, decidiu fazer parte do Banco Cooperativo Sicredi (Bansicredi), atual Banco Sicredi, que havia entrado em operação em 03/06/1996. Realizava-se o sonho de grande parte das lideranças paranaenses, embora quatro cooperativas tivessem discordado da responsabilidade solidária do sistema, decidindo atuar individualmente: Credicorol (atual CrediAliança), Credicoamo, Credivel (hoje Credicoopavel) e Credicatu (incorporada em 2011 pela Sicredi União).

O banco cooperativo trouxe vantagens econômicas imediatas. Antes, as cooperativas de crédito pagavam R$ 0,70 por documento (cheque, duplicada etc.) compensado pelo banco prestador do serviço. No Bansicredi, o mesmo serviço passou a custar R$ 0,13. Com isso, no primeiro ano, as cooperativas de crédito rural gaúchas economizaram cerca de R$ 3 milhões, valor equivalente a 40% do capital social do banco.

Em 1997, entraria em operação a segunda instituição do setor, o Banco Cooperativo do Brasil (Bancoob), criado sob a liderança da OCB, com a ideia de reunir os sistemas cooperativos de todos os Estados.

Sistema Nacional de Crédito Cooperativo

Com essa estrutura montada, o BCB passou a empregar a expressão Sistema Nacional de Crédito Cooperativo (SNCC) para definir o conjunto de instituições que compõem o setor. Anualmente, publica um panorama detalhado, cuja última edição, de abril de 2020, tendo como base o final

As cooperativas de crédito no Paraná têm 2,2 milhões de associados e mais de 14 mil funcionários

de dezembro de 2019, apresentava os seguintes dados.

• **Número de cooperativas** - 873 singulares ativas. A quantidade vem decrescendo gradativamente. Eram 1.060 em 2015, caindo para 1.016, 967 e 965, respectivamente, nos três anos seguintes. A queda decorre principalmente da incorporação por cooperativas mais sólidas de organizações com dificuldades ou problemas de gestão, contribuindo para o fortalecimento econômico-financeiro do SNCC e preservação da imagem perante o público.

• **Número de associados** - 10,9 milhões, sendo 9,4 milhões pessoas físicas e 1,5 milhão pessoas jurídicas.

• **Presença geográfica** - cerca de 2,8 mil municípios brasileiros contam com unidades de atendimento de cooperativas de crédito. Em termos de concentração, a desigualdade é grande. As cooperativas estão presentes em 93% dos municípios da Região Sul e em apenas 11% do Nordeste.

• **Operações de crédito** - R$ 150 bilhões concedidos no ano em todas as modalidades de crédito e financiamento, sendo R$ 82 bilhões para pessoas físicas e R$ 68 bilhões para pessoas jurídicas, principalmente pequenas e médias empresas.

• **Participação no SFN** - o peso do SNCC vem aumentando pouco a pouco, mas ainda é modesto. Responde por 6,0% dos depósitos (4,1% em 2015) e 4,6% das operações de crédito (2,6% em 2015).

A expansão do sistema

No final de 2020, havia em atuação no Paraná seis sistemas de crédito cooperativo, nem todos com cooperativas filiadas à Ocepar. Quatro de três níveis (com singulares, centrais ou federações estaduais e confederações nacionais): Sicredi, Sicoob, Unicred e Cresol; e dois de dois níveis (com singulares e centrais ou federações): Uniprime e Ailos. Além de três cooperativas independentes: Credicoamo, Credicoopavel e CrediAliança.

Todos os sistemas citados, bem como as organizações independentes, são reconhecidos pelo BCB como instituições financeiras. Portanto, têm o respectivo número de compensação no Sistema Brasileiro de Pagamentos (SBP), o que permite atuar da mesma forma que instituições bancárias.

Em 2020, o faturamento das cooperativas de crédito do Paraná chegou a R$ 7,8 bilhões, com ativos da ordem de R$ 83 bilhões. O número de associados somou 2,250 milhões e o de funcionários 14,8 mil. O desenvolvimento do cooperativismo financeiro no Paraná seguiu diferentes caminhos, conforme demonstram cinco exemplos: Cresol, Sicoob e Sicredi, sistemas de três níveis; Uniprime, sistema de dois níveis; e Credicoamo, singular independente.

Cresol

A Cresol teve origem e desenvolvimento fortemente associados ao propósito de promover a inclusão socioeconômica do agricultor familiar. Os primeiros passos foram dados no início dos anos 1990, no município de Francisco Beltrão, sudoeste paranaense. Ali eram realizadas periodicamente as reuniões denominadas Encontros de Entidades, das quais participavam entre setenta e oitenta agricultores, dirigentes de ONGs e movimentos sociais e representantes da classe política, entre outras categorias, que discutiam caminhos para a evolução do produtor rural.

Nesses eventos, consolidou-se a convicção de que a solução mais adequada seria a ajuda mútua baseada no modelo cooperativista, pois os agricultores necessitavam de crédito com custos e condições compatíveis com suas demandas e desejavam ter uma organização que fosse também um espaço de diálogo e construção coletiva.

Com essa base, constituiu-se a primeira Cooperativa de Crédito Rural com Interação Solidária, ou simplesmente Cresol (atual Cresol Pioneira), no município de Dois Vizinhos. Foi fundada em 24/06/1995 e, após receber autorização do Banco Central, abriu as portas em 10/01/1996. Logo depois, foram criadas cooperativas nos municípios de Marmeleiro (atual Cresol Tradição), Laranjeiras do Sul (Cresol Vale das Águas), Pinhão (Cresol Vale das Araucárias) e Capanema (Cresol Fronteiras).

A expansão do sistema Cresol tem sido acelerada. Ao final de 2020, mantendo a sede nacional em Francisco Beltrão, estava presente em dezessete Estados, com 75 cooperativas, 615 agências e 620 mil associados. Contabilizou nesse exercício R$ 12,9 bilhões em ativos, R$ 5,5 bilhões em depósitos, uma carteira de crédito de R$ 9,6 bilhões e um resultado financeiro de quase R$ 190 milhões, 40% superior ao de 2019.

A Cresol Pioneira é a principal organização do sistema no Paraná e no Brasil. De acordo com dados de dezembro/2020, conta com 17 mil cooperados, quinze agências, ativos totais de R$ 1 bilhão (primeira a alcançar esse patamar no sistema), R$ 345 milhões em depósitos e carteira de crédito de R$ 818 milhões.

O presidente da Cresol Confederação, Cledir Magri, festejou os números registrados em 2020, conforme declaração publicada no site da instituição: "Atingimos uma marca relevante de crescimento, o que demonstra a força e a solidez do Sistema Cresol, mesmo com um ano atípico em função da pandemia". Por sua vez, o presidente da Central Cresol Baser, Alzimiro Thomé, afirmou: "O cooperativismo se destaca como importante ator de desenvolvimento, mas não apenas econômico. Embora o crescimento das cooperativas tenha sido significativo neste último período, mesmo com a pandemia, o destaque mais importante é o impacto de desenvolvimento social que provocam nas comunidades onde atuam".

Sicoob

O Sistema de Cooperativas Financeiras do Brasil (Sicoob) foi instituído após a fundação do Banco Cooperativo do Brasil (Bancoob), em 1997. É o maior sistema do setor. Está presente em todas as unidades de federação, com 372 cooperativas singulares, dezesseis centrais e 3,4 mil pontos de atendimento físico. Em 2020, abriu 197 novas agências no Brasil, elevando para 307 o número de municípios em que a única instituição financeira presente é uma unidade de atendimento do sistema.

O Sicoob encerrou 2020 na 11ª posição entre as instituições financeiras do país, de acordo com o anuário *Valor Grandes Grupos*. Os principais indicadores econômico-financeiros desse exercício foram: R$ 157,7 bilhões em ativos, R$ 88,7 bilhões em operações de crédito, R$ 107,6 bilhões em depósitos, patrimônio líquido de R$ 26 bilhões e R$ 3,2 bilhões em sobras. Com isso, a participação do Sicoob no Sistema Nacional de Crédito Cooperativo (SNCC) passou a ser de 49% em depósitos e 44% em operações de crédito.

Marco Aurélio Almada, diretor-presidente do Sicoob, fala com entusiasmo sobre esses números: "Acreditamos que cada vez mais as pessoas têm buscado alternativas financeiras com condições comerciais competitivas e conscientes, e isso contribui muito para o crescimento sustentável do Sicoob".

No Paraná, há treze cooperativas singulares, reunidas na Sicoob Central Unicoob, com sede em Maringá. Esta começou a nascer em 2001, quando três cooperativas financeiras do Estado se uniram para fundar a então Sicoob Central PR, que cresceu rapidamente e expandiu a área de atuação para outros Estados. Em 2014, incorporou a Central Amazônia, atuante no Pará e no Amapá, e mudou a denominação para Sicoob Unicoob, hoje com mais de 400 mil associados e presença em sete Estados: Amapá, Pará, Mato Grosso do Sul, Paraná, Rio Grande do Sul, Santa Catarina e São Paulo.

Além das singulares de crédito, integram o sistema a Unicoob Corretora de Seguros, a Unicoob Administradora de Consórcios, a Unicoob Gestão de Ativos, o Instituto Sicoob e a empresa coligada Sancor Seguros do Brasil, *joint venture* com a seguradora Sancor, uma das maiores da América Latina, fundada na Argentina e com subsidiárias no Uruguai, Paraguai e Colômbia.

Sicredi

O Sicredi teve origem em 1902, quando foi constituída a primeira cooperativa de crédito do Brasil e da América Latina, em Nova Petrópolis (RS), por iniciativa do padre suíço Teodor Amstad. A marca Sicredi é mais recente. Foi criada em 1992 e adotada por todas as singulares vinculadas às centrais instaladas no Rio Grande do Sul, Paraná, São Paulo e Mato Grosso, depois estendida às demais organizações do sistema.

Segundo dados de dezembro/2020, o sistema conta com mais de 5 milhões de associados no país, filiados a mais de 100 cooperativas singulares, 24 das quais no Paraná, com cerca de 2 mil agências em 1,4 mil municípios, sendo que em 200 deles era a única instituição financeira presente. Em 2020, o Sicredi inaugurou 150 novas agências. Instalou-se no Amazonas e no Amapá, passando a atuar em 24 Estados, e anunciou a abertura de 250 novas unidades em 2021.

O desempenho do Sicredi tem evoluído de forma consistente ao longo da história. Em 2020, com patrimônio líquido superior a R$ 21 bilhões e ativos somando mais de R$ 171 bilhões, registrou saldo de R$ 103,9 bilhões na carteira de crédito. A participação no financiamento da agropecuária é expressiva: em 2020, foi a segunda instituição com maior liberação de recursos para o crédito rural (R$ 31,5 bilhões), correspondendo, nesse período, a 9% dos recursos destinados ao setor por todas as instituições financeiras do país.

Uma das cinco centrais de cooperativas de crédito filiadas ao Sicredi, a Central Sicredi PR/SP/RJ reúne 31 cooperativas com atuação em 543 municípios nos três Estados e em parte de Santa Catarina, totalizando 732 agências. É uma rede de atendimento com atuação nas cidades médias e pequenos municípios. As cooperativas filiadas à Central Sicredi PR/SP/RJ agregam mais de 1,58 milhão de associados, que já descobriram como a colaboração e a ajuda mútua são capazes de fomentar o desenvolvimento de comunidades.

Uniprime

O sistema Uniprime foi formado por cooperativas de médicos, passando posteriormente a ter como associados profissionais de saúde de todas as categorias, além de empresas, empresários e profissionais liberais. No final de 2020, com oito singulares, tinha cerca de 60 mil cooperados, atuando em quase 1,6 mil municípios nos Estados do Paraná, Mato Grosso do Sul, Mato Grosso, São Paulo, Santa Catarina e Rio Grande do Sul por meio de 67 agências. As operações de crédito (data-base dezembro/2020) somaram R$ 2,7 bilhões e os ativos alcançaram R$ 5,5 bilhões.

A primeira cooperativa do sistema foi a Uniprime Dourados (atual Sul MS), fundada em 1992 no município de que lhe deu nome. No ano seguinte, começaram a operar mais duas, em Campo Grande (MS) e Presidente Prudente (SP). Em 1996, chegou ao Paraná, instalando-se em Toledo, Cascavel e Pato Branco. Em 1997, foram constituídas outras duas, em Londrina e Francisco Beltrão, e, em 1999, em Ponta Grossa.

A Uniprime Norte do Paraná, com sede em Londrina, é a maior do sistema, com mais de R$ 3,5 bilhões de ativos administrados no final de 2020. Foi a primeira singular do Brasil autorizada pelo BCB a ter acesso ao Sistema de Pagamentos Brasileiro (SPB), recebendo o próprio número de compensação, e ainda a primeira a ter a emissão de cartão próprio de crédito e débito, demonstrando sua vanguarda tecnológica.

No início de 2021, o presidente do Conselho de Administração da Uniprime, Alvaro Jabur, fez uma avaliação positiva do desempenho do sistema: "2020 foi um ano bastante atípico, mas não impediu a Uniprime de ampliar sua carteira de produtos, tanto de captação quanto de empréstimos, e de realizar várias adequações para colaborar com seus cooperados no enfrentamento da crise, como redução de taxas, isenção de juros no cheque especial, entre outras medidas [...]".

O diretor administrativo do sistema, Carlos Puppi Busetti Mori, acrescentou: "Atuamos desde a formação acadêmica até o desenvolvimento da carreira de nossos cooperados". E o diretor financeiro do sistema, Hiroshi Nishitani, complementou: "O modelo do cooperativismo impulsiona a economia, trazendo novas opções para a sociedade de modo geral. Quando o cooperativismo se solidifica em um município, a chance de os cooperados receberem suporte técnico e apoio financeiro também é reforçada".

Credicoamo

A Cooperativa de Crédito Rural Coamo (Credicoamo) foi fundada em 17/11/1989 por um grupo de 29 produtores rurais, todos associados da Coamo, maior cooperativa agropecuária da América Latina, com sede em Campo Mourão. É uma cooperativa financeira independente, que opera diretamente no Sistema Brasileiro de Pagamentos (SBP), o que lhe assegura maior agilidade nas transações financeiras e compensação própria de cheques e outros documentos.

Em pouco mais de trinta anos de atividade, cresceu de forma consistente e, no final de 2020, tinha 20,9 mil associados distribuídos em 33 agências no Paraná, três em Santa Catarina e oito em Mato Grosso do Sul. Seu desempenho econômico-financeiro nesse exercício apresentou os seguintes indicadores: R$ 2,27 bilhões em operações de crédito, principalmente em custeio agrícola, pecuário e de comercialização (aumento de 24,73% sobre o ano anterior); R$ 3,84 bilhões de ativos; patrimônio líquido de R$ 854 milhões; e sobras líquidas totalizando R$ 120 milhões. No início de 2021, a Credicoamo prosseguiu crescendo, com os ativos alcançando o patamar de R$ 4 bilhões.

A cooperativa guarda estreita identidade estratégica com a Coamo, tanto que as duas têm na presidência do Conselho de Administração o engenheiro agrônomo e produtor rural José Aroldo Gallassini, um dos mais respeitados líderes cooperativistas do Paraná e do país. Sua avaliação sobre o desempenho da cooperativa em 2020 é positiva, afirmando que o que foi planejado foi cumprido: "Tudo aliado à aplicação das diretrizes corporativas da cooperativa e o sentimento de pertencimento dos associados, que estão cada vez mais transformando a sua cooperativa de crédito em seu domicílio financeiro".

Com o crédito cooperativo, é possível manter a produção agrícola durante todo o ano, independente das intempéries climáticas. Plantação de trigo em Londrina ▶

A SUSTENTABILIDADE NA PRODUÇÃO COOPERATIVA PARANAENSE

Há cinquenta anos, a questão da sustentabilidade no mundo não era prioridade nem na agricultura, nem na indústria, nem no setor de serviços. Aliás, esse termo se limitava ao aspecto econômico. No Brasil, à parte o Código Florestal, que já demandava a obrigatoriedade de preservação de uma parcela da mata nativa nas propriedades rurais no país, a questão ambiental era deixada em segundo plano. A partir da década de 1970, o país começa a receber a influência do movimento ambientalista nascido com força nos Estados Unidos.

Em 1987, a Comissão Brundtland sobre Meio Ambiente e Desenvolvimento, patrocinada pela Organização das Nações Unidas (ONU), publicou o documento *Nosso Futuro Comum*, quando pela primeira vez se disseminou o conceito de *desenvolvimento sustentável*, propondo utilizar os recursos naturais com uma visão preservacionista e legar um mundo melhor às gerações futuras.

Os olhos da sociedade brasileira foram progressivamente absorvendo as demandas que se espalharam mundialmente, reivindicando dos governos, no decorrer dos anos, legislações e regulamentações de proteção ambiental. No Paraná, as atividades agropecuárias e industriais foram se ajustando a esse arsenal de exigências da agenda pró-sustentabilidade.

Pequenas propriedades com lavouras e áreas de conservação em Carambeí

Antigamente, a maioria das lavouras utilizavam o arado puxado por uma junta de cavalos, como na região de Guarapuava

Hoje, as atividades agroindustriais no Estado são completamente diferentes das que existiam na época em que os imigrantes começaram a chegar no século passado. A conservação do solo, da água e das matas nativas não é mais uma reconstrução romântica da natureza. É uma necessidade operacional, com implicações econômicas e sociais. Não é mais possível produzir sem respeitar o meio ambiente.

As cooperativas começaram a criar programas de preservação e recuperação do solo já no início dos anos 1970. Os produtores aderiram ao novo conceito não apenas em função de maior consciência e respeito à legislação ambiental, mas também por causa dos melhores resultados que a terra oferece quando é bem tratada.

A agroindústria paranaense também se ajustou aos novos tempos e progressivamente passou a dar a devida prioridade ao controle de rejeitos sólidos e efluentes líquidos e gasosos das usinas de processamento de alimentos e subprodutos. O mundo cooperativo paranaense seguiu na mesma linha, absorvendo as demandas governamentais e indo além, criando diversas formas de aproveitamento dos resíduos por meio da reciclagem, que gerou subprodutos de grande procura do mercado.

Hoje, o controle ambiental no Estado do Paraná é dos mais desenvolvidos no país, e as cooperativas colaboram para avançar nesse campo. Este capítulo resume algumas das principais formas de ação das cooperativas agroindustriais paranaenses, que refletem a firme postura do setor de respeito às questões ambientais decorrentes de suas atividades, como plantio direto, projetos de conservação de nascentes, integração lavoura-pecuária, produção de energia renovável e reciclagem de rejeitos.

Plantio Direto de soja feito sobre a palhada de aveia em Arapoti

Plantio direto e boas práticas aumentam a fertilidade do solo

No princípio, havia apenas o arado, um sistema de cultivo praticado pela humanidade há milênios. Era o modo de trabalhar o solo dos colonos no Paraná no começo do século XX, até a chegada dos tratores. Um tempo em que o noroeste do Paraná era conhecido como a terra dos "3 S": só produzia samambaia, sapé e saúva. Os solos eram ácidos e ofereciam baixa produtividade.

A partir dos anos 1960, com a intensificação do plantio, os problemas começaram a se avolumar. Na região de Arapoti, por exemplo, a erosão provocou nas fazendas o surgimento de crateras que chegavam a 30 metros de profundidade. O agricultor Martinus Kool relembra: "Em 1973, começamos a usar o Plantio Direto como forma de sobreviver. Não era mais possível continuar como estava". Com o solo descoberto, as fortes chuvas acabavam levando todos os anos milhares de toneladas de solo para o leito dos rios. E junto com o solo ia todo o trabalho do agricultor, além de fertilizantes e sementes.

Estima-se que na década de 1970, a perda causada por chuvas intensas oscilava entre 20 e 25 toneladas/ha/ano. A situação perdurou até a década seguinte, quando ações governamentais – como o projeto Paraná Rural – disseminaram por todo o Estado técnicas de manejo e conservação do solo. Com as novas técnicas, foi possível reduzir essa perda para, no máximo, 4 toneladas/ha/ano.

Na primeira etapa, foi preciso adaptar as propriedades, construindo cordões de contorno, terraços, canais escoadores e curvas de nível. Em seguida, foi sendo introduzido o Sistema de Plantio Direto (SPD), que, associado a outras práticas de conservação, como rotação de culturas e terraceamento, foi o grande responsável pela mudança da realidade do Paraná nos últimos quarenta anos.

O que é o Plantio Direto

O Sistema de Plantio Direto (SPD) consiste em manter uma cobertura de matéria orgânica na superfície do solo, que pode ser formada por restos de colheita da cultura anterior ou dessecação da massa verde de alguma forrageira, como o capim braquiária. Revolve-se, então, o material apenas no sulco, onde são depositados fertilizantes e sementes. Recomenda-se a rotação de culturas e o manejo integrado de pragas, doenças e plantas invasoras, como práticas fundamentais para melhor eficiência do SPD.

Plantio Direto é uma das técnicas mais revolucionárias da agricultura moderna, não só porque combate o sério problema da erosão do solo, mas porque aumenta a produtividade da lavoura. Além disso, melhora as condições físicas do solo. Com o tempo, a palhada vai se transformando em matéria orgânica, que aumenta a atividade biológica e revitaliza o terreno. Existem ainda outras vantagens: o SPD reduz a emissão de gás carbônico na atmosfera, permite maior vida útil das máquinas e economia com fertilizantes e combustíveis (o consumo de diesel chega a ser 70% menor em comparação com o sistema convencional).

Figura 1 • Evolução do SPD no Brasil no plantio de verão de 1994-2017(milhões/hectares)

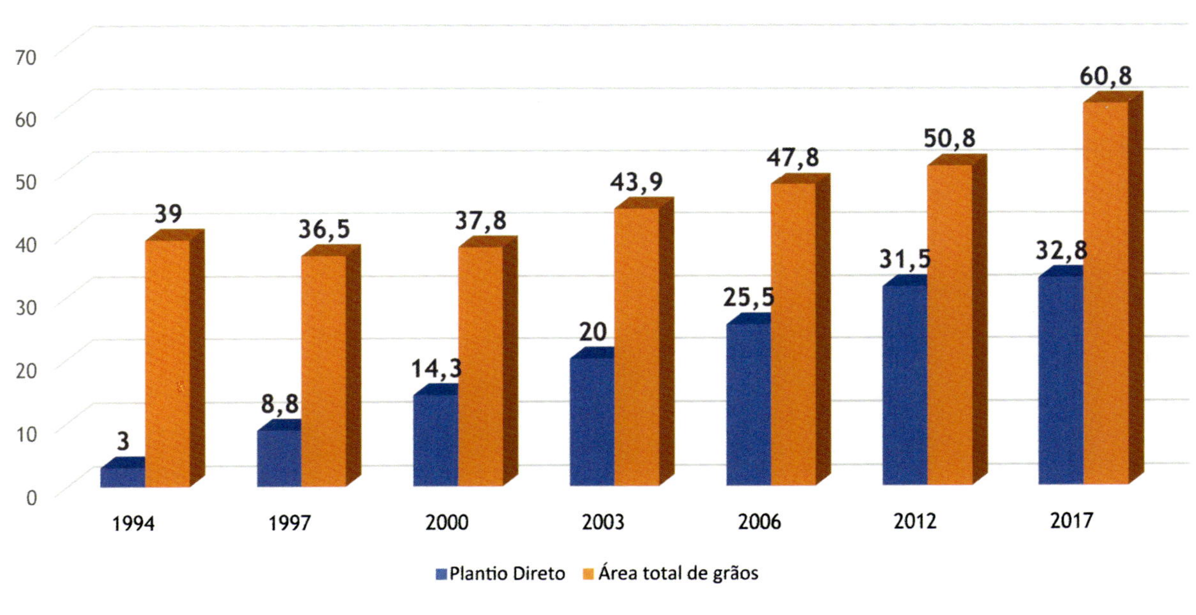

Fonte: FEBRAPDP/IBGE (2017)

Em 2017, a área de Plantio Direto no Brasil chegava a 32,8 milhões de hectares, mais da metade da área total de grãos cultivada no país

◀ Soja crescendo em meio à palhada no Sistema do Plantio Direto

Com a implantação do SPD, os agricultores passaram a ter a oportunidade de fazer duas safras por ano na lavoura, rotacionando culturas e otimizando o aproveitamento das áreas produtivas.

Os últimos dados divulgados pelo Instituto Brasileiro de Geografia e Estatística (IBGE) e pela Federação Brasileira do Plantio Direto na Palha (FEBRAPDP) indicam que o SPD é uma tecnologia vitoriosa. Em 2017, a área total de Plantio Direto no país chegava a 32 milhões de hectares, o equivalente a mais da metade da área destinada à safra de grãos, calculada em 60,8 milhões de hectares. Na época, a extensão ocupada pelo SPD no Paraná chegava a 4,8 milhões de hectares, quase metade da área dos cultivos do verão.

Pioneiros do plantio direto

Desenvolvido na Inglaterra, o SPD foi adotado primeiramente nos Estados Unidos, em meados da década de 1950, e de lá se espalhou para vários países. Nos Campos Gerais do Paraná, o sistema começou a ser utilizado no início dos anos 1970. Os pioneiros foram os produtores Herbert Bartz, Franke Dijkstra e Manoel Henrique "Nonô" Pereira, os dois últimos cooperados da então Batavo (hoje Frísia).

Em outubro de 1972, Bartz, descendente de imigrantes alemães, começou a semear soja em cima da palhada de trigo na propriedade em Rolândia. Foi o primeiro a fazer o Plantio Direto em escala comercial. Os vizinhos acharam que ele estava perdendo o juízo. Mas, pelo contrário, Bartz era visionário e tinha um objetivo claro: introduzir no Brasil o método que conhecera nos Estados Unidos.

O início foi bem complicado porque não existiam máquinas adequadas para plantar a semente no meio da palhada. Bartz então desenvolveu alguns equipamentos por conta própria e procurou indústrias para viabilizar a fabricação. Dijkstra recorda que não havia herbicidas para dessecar os restos de cultura: "Quando o produto foi lançado no país, a partir de 1976, tive maior motivação para ampliar as áreas com o Plantio Direto. E logo ficou claro que os resultados eram muito melhores do que com o sistema de plantio convencional".[1]

Nos anos que se seguiram, Bartz, Dijkstra e Nonô Pereira[2] se transformaram em defensores incansáveis do SPD. Dijkstra e Bartz deram palestras em escolas e universidades, não só no Brasil como no Exterior.

Bartz tinha língua afiada. Num dos encontros, alguém ousou contrapor o palestrante, dizendo que não acreditava na descompactação do solo por meio do Plantio Direto. Bartz foi incisivo na resposta: "Eu sei resolver o problema da compactação quando ela atinge o solo, mas não sei o que fazer quando atinge o cérebro humano".[3]

"Nonô" também foi um parceiro importante na luta pela propagação do sistema. Sua fazenda em Palmeira se transformou num centro de visitação de delegações do país e do exterior que queriam conhecer os benefícios da nova tec-

1 ROSSI, Ricardo. Entrevista: Franke Dijkstra. Pesquisar é investir no futuro. *Paraná Cooperativo*, ano 11, nº 129, nov./2015. Disponível em: http://www.paranacooperativo.coop.br/PPC/images/Comunicacao/2017/revista/2015/rev_N129_nov_2015.pdf. Acesso em: 15 set. 2020. p. 7.

2 Manoel Henrique "Nonô" Pereira faleceu em 2015. Ibidem. Herbert Bartz faleceu em 2021. PARANÁ (Estado). Morre Herbert Bartz, pioneiro do Sistema Plantio Direto no Brasil. PIÁ Paraná Inteligência Artificial, 29/01/2021. Disponível em: https://www.agricultura.pr.gov.br/Noticia/Morre-Herbert-Bartz-pioneiro-do-Sistema-Plantio-Direto-no-Brasil. Acesso em: 15 mar. 2021.

3 SANTIN, Wilham. *O Brasil possível:* a biografia de Herbert Bartz. Curitiba: edição do autor, 2018. 240 p.

Pioneiros do Plantio Direto no Brasil: da esquerda para a direita, Manoel Henrique "Nonô" Pereira, Herbert Bartz e Franke Dijkstra, na fazenda de Frank Dijkstra em dezembro de 2012

Os pioneiros do SPD em Campo Mourão: da esquerda para a direita, o agrônomo Ricardo Calderari e os produtores Henrique Salonski *(in memoriam)*, Joaquim Peres Montans e Gabriel Borsato ao lado da plantadeira Rotacaster que adubava e semeava

nologia. E foi, durante três mandatos, presidente da FEBRAPDP.

Pela ordem cronológica, Rolândia foi o primeiro município do Paraná a entrar na era do SPD, em 1972. Na sequência, vieram Campo Mourão (1973), Mauá da Serra (1974) e Ponta Grossa (1976).

AUMENTO DE PRODUTIVIDADE

A adoção do Plantio Direto e de todo um pacote tecnológico moderno elevou consideravelmente o rendimento das lavouras paranaenses. Nesse coquetel, entraram principalmente a rotação de culturas, manejo integrado de pragas, novos métodos de proteção e melhoria do solo (correção, adubação verde, uso de micronutrientes) e emprego de sementes melhoradas. O agrônomo Roberto Bueno acompanha um grupo de cooperados da Coamo em Campo Mourão desde a safra colhida em 1993. Em 27 anos, ou seja, de 1993 a 2020, a produtividade média do milho deu um salto formidável de 140%. O rendimento passou de 4,9 mil para 11,8 mil kg/hectare. Com o resultado, os agricultores paranaenses começam a fazer frente aos norte-americanos, já que a produtividade da lavoura de milho naquele país tem ficado entre 10 mil e 11 mil kg/hectare.

Em 27 anos, a produtividade da soja dos cooperados da Coamo aumentou 71% ▶

Na soja, os ganhos também foram expressivos. A marca passou de 2.880 kg para 4.920 kg por hectare, crescimento de 71%. Mas um dos cooperados da Coamo, Laércio Dalla Vecchia, demonstrou que já existe tecnologia para subir essa régua para um ponto bem mais alto. No município de Mangueirinha, sudoeste do Paraná, ele cultiva 250 hectares. Em 2020, chegou a 7.080 kg/hectare, conquistando o título de Campeão Nacional de Produtividade no concurso do Comitê Estratégico Soja Brasil (Cesb).

O trecho inscrito no desafio foi de 2,5 hectares, mas Dalla Vecchia conseguiu um bom desempenho com a soja também no restante da propriedade: 5.400 kg/hectare. Para conseguir esses resultados, ele emprega todo o conhecimento disponível, com o SPD, correção periódica do solo e rotação de culturas.

A introdução de novas tecnologias e variedades teve para os cooperados da Coamo um apoio decisivo: o trabalho da Fazenda Experimental, localizada em Campo Mourão. Criada em 1975, nos 190 hectares já realizou 6,5 mil pesquisas, transformando-se em ponto de referência. O presidente do Conselho de Administração da Coamo, José Aroldo Galassini, destaca a importância: "A Fazenda Experimental vem cumprindo muito bem a sua missão de apoio e transmissão de conhecimento. É um trabalho de difusão que tem como base a ciência e as pesquisas de qualidade".

A Fazenda faz experimentos com insumos - defensivos, fertilizantes e sementes - antes de recomendá-los para cultivo. São realizados dois encontros por ano - no verão e no inverno - para validar as novas técnicas e oferecer soluções aos

Laércio Dalla Vecchia, cooperado da Coamo do município de Mangueirinha, foi o campeão nacional de produtividade da soja na safra 2019/2020, chegando a 7.080 kg/hectare

agricultores. Na opinião do cooperado Carlos Chagas, de Mamborê, a Fazenda Experimental "É uma verdadeira universidade a céu aberto. Quando surge uma nova doença, praga ou qualquer outra situação que possa trazer preocupação, sabemos que o problema será analisado na Fazenda Experimental e que nós teremos uma resposta do que fazer para controlar a situação ou evitar que cause danos a nossa atividade".

A Coamo foi uma das pioneiras na implantação de práticas conservacionistas no campo. Já no início da década de 1970, ali foi montado o primeiro sistema de manejo integrado de solo e água. A aplicação de calcário começou em 1987. E, no ano seguinte, foi instituído o Programa de Fertilidade do Solo. Nos últimos cinquenta anos, o corpo técnico da cooperativa desenvolveu um extenso pacote tecnológico que abrange controle biológico de pragas, fixação de nitrogênio, correção e recuperação dos solos com o SPD, sistema de integração lavoura-pecuária, adubação verde e rotação de culturas.

Programa de correção do solo

Em abril de 2021, a Coamo lançou um novo programa para estimular os agricultores a utilizar em maior escala o calcário e o gesso nas propriedades. Os dois produtos corrigem a acidez do solo, mas o gesso possibilita maior crescimento das raízes. O objetivo é ampliar o perfil produtivo do solo para no mínimo 40 cm de profundidade, podendo chegar até 100 cm. Isso vai proporcionar

Fazenda Experimental da Coamo: com 190 hectares e corpo técnico de excelência, desde 1975 já realizou 6,5 mil experimentos em novas tecnologias

Caminhão aplicando calcário para correção do solo

à planta mais resistência aos veranicos e maior produtividade.

O diretor de Suprimentos e Assistência Técnica da Coamo, Aquiles Dias, referiu a importância do programa: "Até parece que estamos voltando no tempo, falando em correção do solo... A verdade é que temos que fazer o básico bem-feito. Com isso, teremos melhores resultados, levando em consideração o potencial produtivo que todas essas tecnologias nos proporcionam".[4]

4 REVISTA COAMO. Mudança na correção do perfil do solo. Tecnologia, ed. abril 2021. Disponível em: https://www.yumpu.com/pt/document/read/65575654/revista-coamo-edicao-abril-de-2021. Acesso em: 02 mai. 2021, p. 16.

No lançamento do programa, a Coamo anunciou condições especiais para aquisição de calcário e gesso. O pagamento pode ser facilitado para os cooperados em até três anos ou por meio de financiamento na Credicoamo, com prazo de até cinco anos. O presidente executivo da Coamo, Airton Galinari, relembrou o pioneirismo da cooperativa: "Sem essa visão, não haveria o desenvolvimento e o repasse de tecnologias para os cooperados. É um excelente programa, com estrutura, condições e prazos especiais. Acreditamos no seu sucesso e na participação dos cooperados".[5]

Integração Lavoura-Pecuária-Floresta (iLPF)

A Cocamar foi uma das primeiras organizações brasileiras a incentivar o sistema de integração como forma de incorporar pastagens degradadas ao moderno processo produtivo. Desde 1996, a cooperativa adotou a integração Lavoura-Pecuária-Floresta (iLPF) como uma das principais bandeiras, estruturando uma equipe com mais de 100 engenheiros agrônomos para orientar os produtores.

Nas regiões onde atua – norte e noroeste do Paraná – há grandes extensões de solo arenoso exaurido, onde historicamente predomina a pecuária de sistema extensivo, com baixa produtividade (1 cabeça/ha/ano). A integração apresenta-se, então, como saída economicamente viável para reformar as pastagens, com o cultivo de soja por SPD durante a primavera/verão e, na sequência, a colocação da braquiária. Este capim possibilita a engorda de animais mesmo na época fria do ano.

O cooperado Gerson Bórtoli vem conseguindo bons resultados com a integração em sua propriedade de 423 hectares em Umuarama. Mesmo em solo arenoso, ele colhe 3.960 kg de soja/hectare. E no gado alcança bons preços com os animais precoces, obtidos na cruza Nelore-Angus.

---

5 REVISTA COAMO. Correção foi um trabalho pioneiro da Coamo. Tecnologia, ed. abril 2021. Disponível em: https://www.yumpu.com/pt/document/read/65575654/revista-coamo-edicao-abril-de-2021. Acesso em: 02 mai. 2021, p. 16.

O rebanho cruzado Nelore-Angus de Gerson Bórtoli, em Umuarama, é alimentado com a braquiária plantada na rotação com a soja no sistema iLPF

O papel da braquiária não se resume a garantir comida para o gado: a espessa palhada na superfície protege o solo, mantendo-o em temperatura suportável para as plantas, segurando a umidade por mais tempo após a chuva e dificultando o desenvolvimento de ervas de difícil controle, como buva e capim-amargoso. Outro benefício oferecido pela gramínea é o intenso enraizamento, que evita a compactação do solo ao abrir canais para maior infiltração de água. Com o componente floresta da integração, cria-se conforto térmico para os animais e geração de renda adicional com a venda de madeira.

Na área de atuação da Cocamar existem atualmente cerca de 215 mil hectares com algum tipo de integração (iLP ou iLPF). A cooperativa foi uma das fundadoras da Associação Rede ILPF – que tem como objetivo difundir a prática no país. Integrada também por Embrapa, Bradesco, John Deere, Syngenta e Sementes Soesp, a rede apurou, em levantamento de 2020, uma área de 17,5 milhões de hectares com sistemas de integração no Brasil. A Embrapa calcula que, desse total, 3 milhões de hectares tenham o componente florestal.

Plantação de soja em meio à palhada da braquiária

Animais em piquete da Unidade de Difusão de Tecnologias (UDT) da Cocamar, no município de Iporã, noroeste do Paraná

Dia de campo promovido pela Fundação ABC para ensinar técnicas do manejo integrado de pragas

O trabalho da Fundação ABC

Os avanços da agricultura sustentável no Paraná contam ainda com outro aliado de peso: a Fundação ABC, referência em pesquisa agrícola. A instituição, com sede em Castro, é mantida pelas cooperativas Capal (Arapoti), Frísia (ex-Batavo, em Carambeí) e Castrolanda (Castro) e tem parceria com a Coopagrícola (com sede em Ponta Grossa).

Fundada em 23/10/1984, conta com um quadro de 123 pesquisadores, que atuam nas áreas de agrometeorologia, economia rural, entomologia, fitopatologia, fitotecnia, forragicultura, herbologia, nutrição de plantas, mecanização agrícola e agricultura de precisão. Com orçamento (para 2021) de aproximadamente R$ 30 milhões, pode conduzir trabalhos de pesquisa para um universo potencial de quase 5,5 mil membros de cooperativas mantenedoras e parceiras. A área de atuação da Fundação ABC chega a 457 mil hectares.

ENERGIA RENOVÁVEL

O Brasil é um país privilegiado em relação a fontes de energia limpa (Figura 2). A média mundial no aproveitamento da energia renovável gira em torno de 14%. No país, esse número é três vezes maior: 45% das necessidades são atendidas por fontes renováveis.[6] O pacote inclui basicamente energia de hidrelétricas e biomassa e solar. No setor da biomassa, entram madeira e biocombustíveis, que abrangem etanol de cana de açúcar e de milho, biodiesel (soja e sebo bovino) e biogás. Nos últimos vinte anos, as cooperativas paranaenses tiveram um avanço considerável na produção de energia renovável em várias frentes.

6 EMPRESA DE PESQUISA ENERGÉTICA (EPE). Balanço Energético Nacional 2018. Ministério das Minas e Energia. Disponível em: https://www.epe.gov.br/pt/publicacoes-dados-abertos/publicacoes/balanco-energetico-nacional-2018. Acesso em: 12 set. 2021.

Figura 2 • Matriz energética

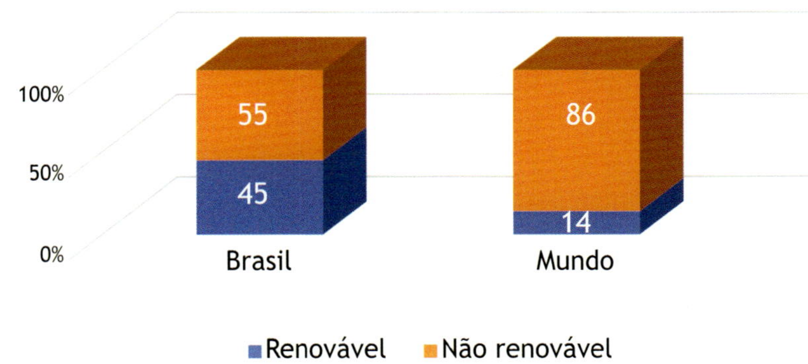

Fonte: EPE (2018)[7]

O Brasil tem 45% da matriz energética baseada em fontes renováveis - hidrelétricas, solar e biomassa. No mundo, esse percentual é de apenas 14%.

A FORÇA DO BIOGÁS

Quem poderia imaginar há trinta anos que os dejetos da criação de suínos poderiam suprir em 100% as necessidades de energia elétrica de grandes fazendas de criação ou de unidades industriais? É o que já está ocorrendo em inúmeras instalações de cooperativas paranaenses.

O que é o biogás

É o gás metano resultante da degradação de matéria orgânica na ausência de oxigênio (fermentação anaeróbica). O biogás pode ser utilizado como o gás natural para abastecer caldeiras, fogões domésticos e geradores de energia elétrica.

Hoje, existem em todo o Paraná 138 plantas produzindo biogás a partir de dejetos. Desse total, 80% são do setor agropecuário.[8] Para chegar até aqui, no entanto, o caminho foi pedregoso. Os biodigestores surgiram na Índia e foram empregados para aquecimento doméstico em algumas regiões da Europa durante a Segunda Guerra, por causa da falta dos combustíveis.

No Brasil, começaram a ser usados a partir de 1979 com a crise do petróleo. Era uma tecnologia promissora e, segundo a Empresa de Assistência Técnica e Extensão Rural (Emater), o Paraná chegou a ter em 1984 perto de 3 mil biodigestores em funcionamento. Mas surgiram problemas operacionais, e a tecnologia foi abandonada. A partir dos anos 2000, no entanto, com as políticas de incentivo à energia alternativa, os biodigestores voltaram à tona. A indústria resolveu os problemas técnicos e passou a fornecer equipamentos para produção do biogás em maior escala.

7 EMPRESA DE PESQUISA ENERGÉTICA (EPE), op. cit.

8 Centro Internacional de Energias Renováveis (Cibiogás). O Cibiogás é um instituto dedicado ao desenvolvimento das energias renováveis, instalado no Parque Tecnológico Itaipu, em Foz do Iguaçu.

Em 2014, foi aprovado o Decreto nº 11.671, de 16/08/2014, com nova redação dada pelo Decreto nº 8.673/2018, que permitiu ao governo estadual iniciar o Programa Paranaense de Energias Renováveis, em parceria com o Cibiogás e a Embrapa. A intenção é chegar em 2030 com 10 mil propriedades equipadas com o sistema. Empresas privadas vão ser credenciadas a operar com o biogás, para ampliar o acesso dos produtores a essa tecnologia.

Cooperativa Lar

Uma das primeiras cooperativas a adotar o sistema foi a Lar, com sede em Medianeira, no oeste do Estado. Desde 2007, já instalou doze unidades, uma no abatedouro de aves na vizinha Matelândia, onde gordura, pele e outros resíduos viram matéria-prima para gerar energia térmica que retornará para o complexo industrial da cooperativa. Os outros onze biodigestores são alimentados com dejetos de suínos. Na unidade de produção de leitões (UPL) de Itaipulândia, por exemplo, 83% da energia consumida vem dos biodigestores. Na Unidade de Santa Helena, 30% da energia vem de quatro biodigestores.

Foram investidos nesses sistemas R$ 4,8 milhões. Juliano de Oliveira, coordenador da área de eficiência energética da Lar, ressalta que as fontes renováveis já fornecem 100% das necessidades de energia nas 47 unidades de produção (incluídos aqui, além de biogás, biomassa, energia solar e hidrelétrica).

A cooperativa abate 645 mil suínos/ano e 352 mil toneladas frango /ano.

C.Vale

A C.Vale possui três projetos de biogás em operação, dois na indústria de amido de mandioca, onde processa 100 mil toneladas de raiz, entregues por mil produtores. Um dos biodigestores está no município de Assis Chateaubriand, funcionando desde setembro de 2011, e outro em Terra Roxa, desde maio de 2012.

O terceiro biodigestor entrou em funcionamento em 2020, na unidade de Palotina, produtora de leitões, utilizando como matéria-prima os dejetos expelidos por um plantel de 3,4 mil matrizes. O tratamento desse material irá gerar 260 kW/hora em geração distribuída.

Motogeradores movidos a biogás da Central Santa Cruz instalados pela Copacol em Cafelândia

Copacol

O objetivo da Copacol é utilizar o gás metano basicamente para produção de energia elétrica. Implantou a tecnologia, em julho de 2018, na Unidade de Produção de Leitões, na Central Santa Cruz, em Cafelândia, para geração de energia a partir de biogás, onde investiu R$ 580 mil. Em 2020, destinou mais R$ 835 mil na implantação de outro sistema, na Unidade Produtora de Leitões de Formosa do Oeste (cerca de 50 km ao norte de Cafelândia).

Celso Brasil, assessor de Meio Ambiente da Copacol, diz que a energia gerada será capaz de suprir aproximadamente 75% do consumo demandado pelas unidades, que contam com 4,3 mil matrizes e produção mensal de 10 mil leitões em cada unidade. As centrais são alimentadas pelos dejetos desses animais, que são terminados, em sistemas de integração, nas granjas dos cooperados.

Castrolanda

Também recente é a iniciativa da Castrolanda Cooperativa Agroindustrial, que concluiu a instalação de dois biodigestores – um em Castro, na sede, e outro em Piraí do Sul, 30 km ao norte.

Em primeiro plano, os dois biodigestores da Copacol em Cafelândia. Ao fundo, os galpões para a produção de leitões

Unidade produtora de leitões da Cooperativa Lar em Santa Helena. Ao fundo, os quatro biodigestores que a partir de 2021 vão fornecer 50% da energia consumida pela unidade

Biodigestor da Castrolanda

A de Castro é compartilhada com as cooperativas Frísia e Capal (formando o consórcio Unium), enquanto a de Piraí do Sul é própria e está instalada junto da Unidade de Produção de Leitões da cooperativa.

O biodigestor da Unium tem potência instalada de 1,2 MW/mês e vai produzir 13,2 mil m³ de biogás por dia, basicamente a partir de resíduos do frigorífico da Alegra, que fica ao lado, além de resíduos de batata, da unidade industrial da Castrolanda.

BIOMASSA, A MADEIRA SUSTENTÁVEL

Na Região Sul, o Estado do Paraná é líder quando o assunto é produção de biomassa – madeira produzida para queima em usinas, com o intuito de gerar energia térmica ou elétrica. Para tanto, as cooperativas têm lançado mão da produção de madeira em áreas próprias e arrendadas, visando reduzir a dependência da compra desse insumo no mercado.

A queima de cavacos (pedaços pequenos de madeira, a partir de trituração da árvore inteira bem como de galhos) nas caldeiras industriais gera vapor em alta pressão, que pode ser usado diretamente em secadores de grãos, por exemplo, ou acionar turbinas e geradores para produção de energia elétrica.

Em Maringá, região norte do Estado, a Cocamar conta, desde 2009, com uma unidade de cogeração de energia elétrica no amplo e diversificado parque industrial. A unidade tem capacidade para produzir 13 MW/mês e atende a toda a demanda de energia das indústrias da cooperativa.

Segundo Rusti Federle, gerente de suprimentos e distribuição de insumos da Cocamar, a cooperativa supre 10% das necessidades a partir de áreas próprias (em quatro municípios vizinhos) que totalizam 800 ha, onde são produzidos

Área de reflorestamento da Coamo com 6 mil hectares

330.000 toneladas de madeira verde a cada sete anos (59 toneladas/ha/ano).

Em 2020, a cooperativa deu mais um passo para aumentar a autonomia no consumo de biomassa e iniciou um processo de arrendamento e fomento de áreas de eucalipto. Foram arrendados 838 ha, que deverão produzir, dentro de sete anos, 346 mil toneladas de madeira verde: "É algo estratégico. Não podemos depender do mercado", diz Federle.

A Coamo possui 6 mil hectares de áreas de reflorestamento para abastecer de energia as indústrias. Atualmente, a madeira que provém dessas áreas fornece 100% da energia consumida pelas indústrias e unidades da cooperativa.

Em 3,5 mil hectares de área florestal, a Castrolanda produz anualmente 95 mil toneladas de lenha e cavaco, quantidade suficiente para suprir em quase 80% o consumo de energia (térmica) demandado por fornalhas dos secadores de grãos, caldeiras dos frigoríficos e das fábricas de ração, entre outros.

Áreas ainda maiores são exploradas por Agrária e Copacol. A Cooperativa Agrária Agroindustrial, com sede no distrito de Entre Rios e unidades industriais em Guarapuava, possui, desde 1980, um setor florestal para a produção de energia térmica. A área é de 4.616 ha, com cultivo de eucalipto, onde foram produzidos, em 2020, 137 mil toneladas de madeira. Mais 20 mil toneladas foram extraídas de áreas dos cooperados, totalizando 157 mil toneladas, o que respondeu, dependendo do momento, por 60% a 80% do gasto energético da cooperativa.

Já a Cooperativa Agroindustrial Consolata, com sede em Cafelândia, região oeste do Paraná, conta com uma área de produção de eucalipto de 5,7 mil hectares. O plantio na Copacol foi iniciado em 1988, com o objetivo de atender somente à necessidade de energia térmica dos secadores de grãos. Em 2015, foi aprovado um projeto de implantação de florestas para suprir 50% do consumo de madeira e biomassa da cooperativa.

A ENERGIA DO SOL

No Brasil, a energia solar é vista como uma das mais promissoras, dada a característica de país tropical. Entre as cooperativas paranaenses que investiram nessa tecnologia está a Cresol, fundada em 1995 para atuar na área de crédito e de fornecimento de soluções financeiras e que hoje conta com 210 mil associados.

A sede da cooperativa, no município de Francisco Beltrão, sudoeste do Estado, inaugurada em abril de 2018, contou com a instalação de painéis fotovoltaicos que contribuíram para uma economia de 38% nos custos relativos ao consumo de energia do prédio. Além disso, o edifício (que tem 8 mil m^2 de construção) possui um sistema de automação que monitora e controla a temperatura e a incidência de luz em cada ambiente.

Painéis fotovoltaicos instalados na sede da Cooperativa Cresol, em Francisco Beltrão

O projeto da sede da Cresol ganhou em 2019 a Certificação Platinum, a mais alta em edificações sustentáveis, concedida pela Leadership in Energy and Environmental Design (LEED)

Essa é apenas uma parte no conjunto da obra: um sistema hidráulico eficiente e estratégias para o aproveitamento racional da água de reúso e água de chuva além de um paisagismo projetado para dispensar irrigação permanente permitiram redução de 68% no consumo de água potável no empreendimento.

A sede da Cresol é considerada um projeto inovador em sustentabilidade, o que lhe conferiu, em outubro de 2019, a Certificação da Leadership in Energy and Environmental Design (Leed), o sistema de certificação e orientação ambiental de edificações reconhecido internacionalmente e o mais utilizado em todo o mundo, inclusive no Brasil.

Outro exemplo vem da Cooperativa Integrada, com sede em Londrina, norte do Paraná. A empresa investiu R$ 1,1 milhão na colocação de placas fotovoltaicas para captação de luz do sol e transformação em energia elétrica, que foram instaladas em 2020, nos municípios de Bandeirantes (261 placas), Ibiporã (257) e Tamarana (276), e operam com capacidade de 31 MW/mês. A quantidade é suficiente para atender a 100% das necessidades de consumo de energia elétrica das unidades paranaenses da cooperativa em nove municípios vizinhos.

Segundo Adair Luiz Sulzbacher, gerente de manutenção eletromecânica da Integrada, essas são usinas solares do tipo *on-grip*, ou seja, o excedente gerado é reaproveitado no período noturno ou em outras filiais por meio da interligação com a rede da concessionária de energia do Paraná, a Copel.

Em Cafelândia, a Copacol implantou, em 2018, o primeiro sistema de geração de energia

Sistema de energia solar implantado pela Copacol em Cafelândia

fotovoltaica. Foi no Centro de Pesquisa Agrícola, onde são gerados, em média, 4 MW/mês, proporcionando redução de 40% no consumo de energia elétrica da unidade. Em 2020, a cooperativa ampliou os investimentos nessa área e alocou cerca de R$ 1 milhão na implantação de mais dois sistemas, com 624 módulos fotovoltaicos instalados, totalizando 274 kW de potência.

NASCENTES E MATAS

As cooperativas paranaenses têm feito um trabalho importante na preservação ambiental. Desde 2004, o projeto Água Viva é um caso de sucesso da Coopavel, que já recuperou cerca de 12 mil nascentes, permitindo a utilização de mais de 1 bilhão de litros de água por ano. A Coopavel tem prestadores de serviço e parceiros capacitados para a função, que, ao ser acionados, vão à propriedade e, com a ajuda do produtor e vizinhos, fazem um mutirão para a preservação da fonte.

A engenheira ambiental Lucimar Novaes da Silva informa que a cooperativa promove a recuperação de aproximadamente 100 nascentes por ano. Por seu alcance, o Água Viva rendeu à Coopavel diversos prêmios. O mais recente, de agosto de 2020, na categoria de Meio Ambiente, concedido pela Corteva Agriscience, foi o Mundo de Respeito, um dos mais importantes do agronegócio brasileiro.

Preservação de nascentes do projeto Água Viva da Coopavel

Trabalho marcante na área de preservação de matas e recuperação de nascentes é feito também pela Integrada Cooperativa Agroindustrial. Ao longo de doze anos, a cooperativa preservou 3.714 hectares de áreas de proteção permanente dos cooperados, além de ter patrocinado - em parceria com prefeituras e o governo do Estado - o plantio de 1,3 milhão de mudas (350 mudas/ha) de espécies nativas, quase todas do bioma Mata Atlântica. A ação fez parte do projeto Nossa Água, criado em 2005 e premiado em 2º lugar, em 2017, em concurso promovido pela Agência Nacional de Águas (ANA).

Ana Lúcia de Almeida, coordenadora de Sustentabilidade da Integrada, informa que foram recuperadas 93 nascentes, canalizando e bombeando água para o consumo das famílias dos cooperados. Eram fontes que estavam sem proteção, com acesso de animais, e, por isso, contaminadas por coliforme fecais. Ou, simplesmente, tinham se fechado.

A Integrada, fundada em 06/12/1995, completou 25 anos de existência em 2020 com presença em 49 municípios (do Paraná e de São Paulo) e conta com 1,8 mil funcionários. Possui três modernas unidades industriais, localizadas em Andirá, Londrina e Uraí, dedicadas respectivamente à fabricação de derivados de milho, rações para animais e alimentos pet.

A preservação ambiental passou a ser um trabalho rotineiro nas fazendas dos cooperados

Recuperação de nascente dos cooperados da Integrada em Bandeirantes

Preservação de matas ciliares é preocupação permanente dos cooperados da Coamo ▶

da Coamo. A cooperativa montou parceria com órgãos oficiais para produção e distribuição de mudas de árvores nativas destinadas à recuperação de matas ciliares. A preservação tem permitido a volta de várias espécies de animais para as áreas recuperadas.

REÚSO DE ÁGUA E RECICLAGEM

Nos últimos vinte anos, o reúso da água figura como ação imprescindível para quem quer utilizar a marca *sustentável*. E, nesse quesito, as cooperativas do Paraná têm o que mostrar.

Copacol

Em Cafelândia, a Copacol reaproveita a água do processamento de 160 mil tilápias/dia – um dos maiores complexos industriais de peixes do Brasil. Segundo Celso Brasil, assessor de Meio Ambiente da Copacol, o processamento de aves e peixes proporciona a reutilização de, respectivamente, 1,5 milhão e 1 milhão de litros de água por dia, que é então destinada ao resfriamento de motores, evaporadores, lavagem de gaiolas e veículos.

C.Vale

Em Palotina, a C.Vale instituiu o Programa de Utilização Racional da Água (Pura), cujo objetivo é promover o máximo de reaproveitamento em atividades industriais. No abatedouro de aves, por exemplo, em 2020, praticamente foi alcançada a meta de uso de 22 litros de água por ave abatida, sendo gastos 22,5 litros por ave, informa o engenheiro ambiental Guilherme Daniel. Já o abatedouro de peixes utiliza 12,4 litros por peixe abatido, abaixo da meta que havia sido estabelecida de 14 litros.

Desde 2001, a C.Vale também promove a devolução de embalagens vazias de produtos agroquímicos, ação já consolidada e prevista em lei federal. Guilherme Daniel informa que o acumulado até 2020 chegou a aproximadamente 4,5 mil toneladas.

A racionalização reduziu o consumo de água no abate de frangos do frigorífico da Lar em Matelândia

Coamo

Desde 2003, a Coamo tem um programa de recebimento e destinação de embalagens usadas de agroquímicos. O programa faz parte do Plano de Gerenciamento de Resíduos Sólidos que contempla o princípio dos três R: redução, reutilização e reciclagem. A cooperativa é a maior empresa do país no recolhimento dessas embalagens. Parte dos resíduos recicláveis é destinada à Cooperativa dos Catadores e Recicladores de Campo Mourão, da qual a Coamo é apoiadora.

Lar

Com sede em Medianeira, no oeste do Estado, a Lar Cooperativa Agroindustrial tem, na vizinha Matelândia, um frigorífico com capacidade de abate de 520 mil aves/dia, e, por meio do programa de racionalização no uso de água, conseguiu baixar de 35 litros para 28 litros a quantidade de água utilizada por ave no processo de abate. Água é uma das cinco áreas do Programa

A Coamo tem desde 2003 um programa para reciclagem das embalagens de agroquímicos

Prioridade Ambiental Lar, que inclui ainda qualidade do ar, reaproveitamento de resíduos sólidos, educação ambiental e energia. Segundo o relatório de gestão ambiental da cooperativa, em 2019 deixaram de ser consumidos 85.691 m^3 de água no processo de abate de aves, equivalente ao consumo médio de 6,5 mil residências/ano.

Frimesa

Central que reúne cinco cooperativas singulares (Copagril, Primato, Lar, C.Vale e Copacol), A Frimesa conta com um total de 2.486 produtores de leite e 949 criadores de suínos. A Central tem atuação destacada em várias frentes da gestão ambiental, a começar pelo tratamento de resíduos sólidos gerados pela indústria em Medianeira. Em 2019 e 2020, a unidade gerou 70 mil tonela-

Instalações para o reaproveitamento da água no abatedouro de peixes da Copacol

das de resíduos sólidos, tais como plástico, papel, metal, dejetos orgânicos e outros materiais, como pilhas e baterias.

Para processar todo esse volume, a empresa tem uma Central de Reciclagem, onde trabalham 22 colaboradores. Os resíduos são organizados e encaminhados para aterros controlados. A venda dos materiais recicláveis, nos últimos dois anos, gerou renda de R$ 1,3 milhão de reais.

A Central tem um plano anual de investimentos com o objetivo de otimizar o uso de recursos naturais e reduzir o impacto ambiental. No período de 2019 e 2020, foram aplicados mais de R$ 12 milhões em programas para redução de emissão de gases do efeito estufa, na gestão da água, racionalização no uso de embalagens e ampliação de projetos verdes e florestas sustentáveis.

Parque ambiental

Em 2011, foi inaugurado o Parque Ambiental Frimesa (PAF), com 50 hectares de mata nativa, localizado no perímetro urbano de Medianeira, em área de preservação permanente, às margens do Rio Alegria. O parque é uma reserva particular do patrimônio natural (RPPN) e conta com trilhas que passam por cachoeiras que podem ser visitadas.

Reciclagem de resíduos na Frimesa

Antes da inauguração, foi feito um trabalho de conscientização com os moradores dos cinco bairros vizinhos para que não fosse mais jogado lixo no parque. A comunidade assinou um pacto de cooperação nesse sentido. Hoje, a manutenção da área é feita com ajuda dos locais e recursos gerados pela reciclagem dos resíduos das cooperativas.

Por suas ações, a Frimesa foi premiada, em 2017, na categoria Melhor Performance em Desenvolvimento Sustentável, em concurso realizado pela revista *AveSui*, publicação do grupo Gessulli Agribusiness, com promoção da Organização das Cooperativas Brasileiras (OCB) e apoio da Fundação Getúlio Vargas (FGV).

ENERGIA DA ÁGUA

As hidrelétricas são as fontes mais antigas de energia renovável no Brasil. No Paraná, as cooperativas investem principalmente em pequenas centrais (PCHs). Dados do Banco Regional de Desenvolvimento do Extremo Sul (BRDE) revelam que o Paraná foi responsável pela contratação, em 2020, de R$ 252 milhões em projetos de energia renovável, principalmente centrais geradoras hidrelétricas (CGHs, até 5 MW de potência instalada), pequenas centrais hidrelétricas (PCHs, de 5 MW até 30 MW de potência instalada) e de energia eólica e solar. O valor representa 65%

O Parque Ambiental Frimesa tem 50 hectares de mata nativa e está localizado no perímetro urbano de Medianeira

dos R$ 384,7 milhões contratados pelo banco nos três Estados do Sul no ano passado.

Dois projetos se destacam: o PCH da Cooperativa Agrária Agroindustrial e a CGH da Cooperativa Agropecuária Tradição. A Agrária, com sede em Entre Rios, distrito de Guarapuava, no sul do Estado, é sócia, desde 2016, da Usina Hidrelétrica Salto Curucaca, localizada no Rio Jordão. A sócia majoritária é a empresa Santa Maria Papel e Celulose. A Agrária, com 40% de participação, tem direito a quase 15 MW dos 37 MW gerados. Esses 15 MW são utilizados integralmente nas unidades de negócio da cooperativa, suprindo 65% do consumo total de energia em 2020.

Além dessa usina, a Agrária pretende dobrar a utilização de energia sustentável, por meio da construção de uma PCH no distrito de Entre Rios, com potência instalada de 15,5 MW. A planta está em fase final de estudos de engenharia e licenciamento ambiental.

Já a Coopertradição, de Pato Branco, no sudoeste do Estado, quase na divisa com Santa Catarina, desde dezembro de 2018, vem se servindo da CGH de Salto Claudelino. A usina é operada numa espécie de arrendamento da massa falida (decretada em 2002) da Olvepar S/A Indústria e Comércio.

Com potência instalada de 2,8 MW/mês, a usina supre as necessidades de energia das unidades de recebimento de grãos da Coopertradição (oito no Paraná e duas em Santa Catarina), do

Cachoeira no Rio Alegria formada pela barragem da hidrelétrica construída em 1953. Ao lado, mirante erguido com recursos obtidos pela venda dos produtos reciclados

moinho de trigo instalado em Itapejara D'Oeste e da Unidade de Beneficiamento de Sementes em Pato Branco.

Às vezes, há excedente de energia, vendido para a rede da companhia de energia do Estado, a Copel, informa Evandro César Chiochetta, gestor de processos de implantação de energia limpa e renovável. Segundo Chiochetta, a Coopertradição está em processo de migração de todas as unidades para o mercado livre de energia, com perspectiva de, em 2021, ter 100% do consumo proveniente de energia limpa e renovável.

A Cooperativa Agrária tem 40% de participação na hidrelétrica de Salto Curucaca no Rio Jordão

Hidrelétrica de Salto Claudelino, que atende à Coopertradição

ALCANCE SOCIAL NO DNA DE UM MODELO

Os pioneiros que construíram os pilares do cooperativismo partiram de uma ideia-força: a cooperativa deve ter duas dimensões - a econômica e a social. O superintendente do Serviço Nacional de Aprendizagem do Cooperativismo (Sescoop) no Paraná, Leonardo Boesche, explica os dois conceitos: "Na dimensão econômica se encontra a 'empresa' cooperativa, onde ocorrem os negócios. Já a dimensão social está relacionada às pessoas, ao quadro social, à comunidade onde está inserida. Nós costumamos dizer que a responsabilidade social está no DNA da cooperativa, e isso precisa estar muito bem alinhado com os valores do cooperativismo".

O interesse pela comunidade foi um dos princípios, que se mantém até hoje, defendidos pela primeira cooperativa constituída no mundo, na cidade de Rochdale, Inglaterra, em 1844.[1] No Paraná, além do progresso econômico, o cooperativismo construiu nos últimos cinquenta anos uma ampla rede de formação e proteção social. Neste capítulo, abordam-se primeiramente as *sobras*, que representam o autêntico compartilhamento da riqueza gerada pelo mundo cooperativo, e, em segundo lugar, um resumo de alguns projetos de

1 No capítulo *Um século e meio de história* (pp. 14-37) encontra-se o quadro dos Sete Princípios do Cooperativismo validados pela Aliança Cooperativa Internacional (ACI) em 1995 e mais informações sobre a primeira cooperativa fundada no mundo.

Encontro Estadual das Cooperativas em 2017 em Curitiba

alcance social de destaque, liderados pelo sistema cooperativista paranaense, como assistência técnica aos cooperados, cursos e treinamentos voltados ao desenvolvimento humano, trabalhos de assistência social e de promoção cultural, realizados nas comunidades.

Sobras

No cooperativismo, o excedente gerado pelo processo produtivo não se denomina lucro, mas, sim, *sobras,* que constituem o resultado socioeconômico das cooperativas. Os recursos excedentes de um exercício são redirecionados ao próprio negócio (novos investimentos), a fundos ou ações de alcance social ou distribuídos entre os cooperados. O termo *sobras* remete à essência da filosofia cooperativa, de compartilhamento de resultados. Diferentemente das empresas tradicionais, em que os lucros ficam nas mãos de poucos proprietários, no cooperativismo, os cotistas, além de receber pelo que comercializam, no fim de cada ano, quando há saldo positivo (depois de apurados os custos operacionais), também auferem parte do resultado final.

É o que diz a Lei nº 5.764 (16/12/1971), que regulamenta a Política Nacional de Cooperativismo e determina que a decisão da destinação das sobras, tomada em assembleia-geral, cabe aos cooperados. As assembleias têm, assim, autonomia para decidir sobre a divisão das sobras entre investimento e partilha entre os cotistas.

O caminho das sobras

Resultado líquido após receitas e dispêndios

Gráfico 1 • Destinação das sobras líquidas (%)

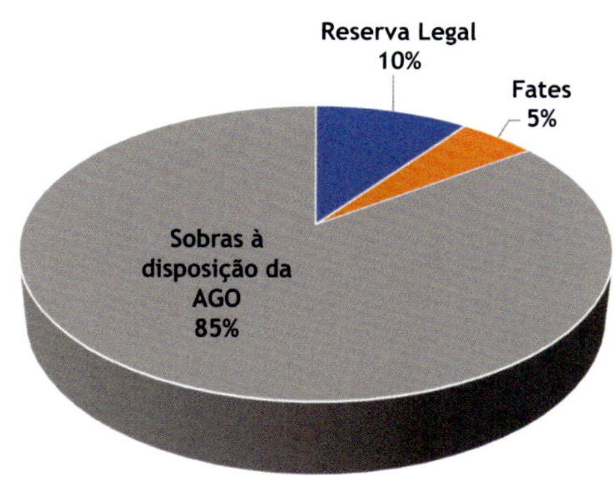

Nota: no final de cada exercício (doze meses), são contabilizados os resultados. Das sobras apuradas, é obrigatória por lei a destinação mínima de 5% para o Fundo de Assistência Técnica Educacional e Social (Fates) e 10% para a Reserva Legal. O restante (85%) fica a critério da assembleia dos cooperados convocada para esse fim. O resultado pode ser dividido entre os cooperados ou parte pode ser alocada em novos investimentos. Se houver perda no período, esta pode ser absorvida pela Reserva Legal. Caso a reserva não seja suficiente, o que falta para cobrir a perda é rateado entre os cooperados.
Fonte: Gecoop/Monitoramento/Sescoop (2020)

O recorde de 2020

Em 2020, o faturamento das 217 cooperativas paranaenses atingiu o recorde de R$ 115 bilhões, 32% a mais que no exercício anterior. E as sobras subiram para R$ 5,9 bilhões, crescimento de 57% em relação a 2019 (Gráfico 2). As cooperativas que mais distribuíram dividendos atuam no ramo agropecuário, de crédito e de saúde.

Gráfico 2 • Os três setores que mais distribuíram sobras em 2020 (em milhões/R$)

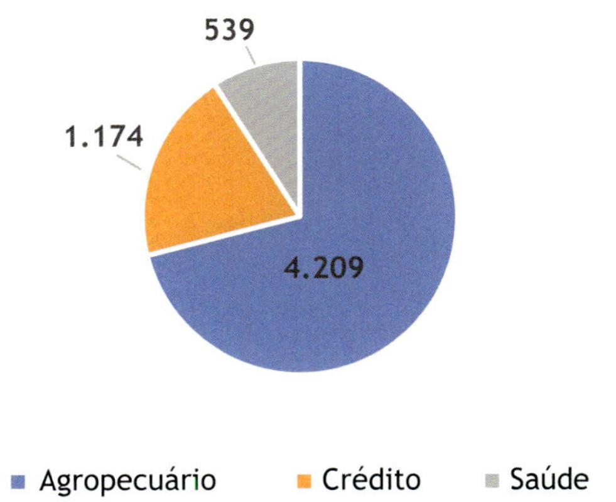

Fonte: Gecoop/Monitoramento Sescoop (2020)

O exercício de 2020 foi muito feliz para o agronegócio brasileiro. A conjuntura internacional e as exportações de grãos impulsionaram esse movimento. Mas os excelentes resultados obtidos, na verdade, têm uma base sustentável construída nas últimas duas décadas (Gráfico 3), quando o volume das sobras distribuídas aos cooperados teve crescimento exponencial. Em 2000, girava em torno de R$ 7,6 milhões. Em vinte anos (2000-2020), saltou para R$ 5,9 bilhões, segundo dados da Gerência de Articulação de Gestão e Cooperação Técnica (Gecoop, 2020).

Os números expressam o esforço consistente que todo o sistema realizou na qualificação de pessoal e melhoria dos processos de gestão. Prova disso é que o percentual de crescimento das sobras foi muito maior que o da comercialização.

Os dados começaram a ser coletados e tabulados pelo Sindicato e Organização das Cooperativas do Estado do Paraná (Ocepar) a partir de 1995. A série histórica mostra que houve um período difícil nos cinco anos que antecederam a virada do século. O desempenho negativo começou a partir do Plano Real, implantado no Brasil em 1994, que trouxe sérias consequências para o

Gráfico 3 • Sobras das cooperativas do Paraná (em milhões de R$)

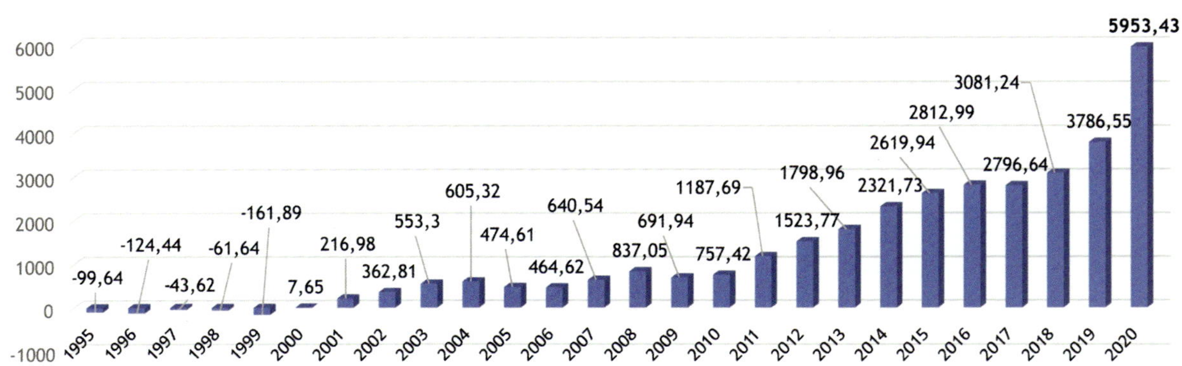

Nota: a) série histórica de 1995 a 2020; b) os primeiros cinco anos do levantamento das sobras (de 1995 a 1999) apresentaram resultado negativo. A partir de 2000, o movimento deslanchou. Num período de vinte anos, a distribuição dos dividendos cresceu nada menos que 75.000%, partindo de R$ 7,65 milhões em 2000 para R$ 5,9 bilhões em 2020. Fonte: Gecoop/Monitoramento Sescoop (2020)

setor produtivo no país. "A paridade da moeda nacional com o dólar de forma impositiva, no intuito de controlar a inflação, trouxe prejuízos às empresas do setor produtivo, e as cooperativas não ficaram imunes a isso", lembra o atual presidente da Ocepar, José Roberto Ricken.

Na época, apenas cooperativas mais capitalizadas conseguiam manter resultados superavitários. A maioria ficou descapitalizada, tendo o endividamento aumentado diante das altas taxas de juros, dificuldades que se prolongaram até 1999. Para reverter a crise, a atuação da Ocepar foi decisiva. Sob a liderança de João Paulo Koslovski, que presidia a entidade à época, foi iniciada uma negociação com o governo federal para encontrar saídas.

Ricken dá detalhes: "Demonstramos a triste realidade ao governo, em especial ao presidente Fernando Henrique e aos ministros Pedro Malan e Pedro Parente. Propusemos um plano de recuperação denominado Recoop e um plano de profissionalização chamado Sescoop, utilizando recursos que as cooperativas já recolhiam ao Sistema S. Em setembro de 1998, o governo nos atendeu, e pudemos elaborar os respectivos planos para a maioria das cooperativas agropecuárias do Paraná. As dívidas foram repactuadas para 25 anos, e hoje estamos concluindo o pagamento das últimas parcelas. Com isso, conseguimos capitalizar nossas cooperativas e reverter os resultados". Ricken completa: "Das poucas cooperativas que ficaram de fora, a maioria não existe mais. Se não tivéssemos adotado o monitoramento via programa de autogestão, não teríamos sobrevivido à enorme crise econômica pela qual passou o setor produtivo. Isso nos conduziu ao profissionalismo e aos resultados positivos hoje vistos".

Em 1996, uma das primeiras reuniões na sede da Ocepar, em Curitiba, para debater o Recoop. Com a palavra, José Gerardo Fontelles, representando o Ministério da Fazenda. A sua esquerda, João Paulo Koslovski, então presidente da Ocepar, e os deputados federais Moacir Micheletto e Valdir Colato

Tabela 1 • Faturamento e sobras das cooperativas por setor em 2020

Ramos	Qtde. de cooperativas	Faturamento (em milhões/R$)	Sobras (em milhões/R$)
TOTAL DO ESTADO	**217**	**115.719,00**	**5.953**
Agropecuário	59	100.077,00	4.209
Crédito	56	7.828,00	1.174
Saúde	37	7.016,00	539
Transporte	35	407,70	10,1
Trabalho, Produção de Bens e Serviços	11	205,60	6,2
Infraestrutura	15	162,70	13,1
Consumo	4	21,40	1,2

Fonte: Gecoop/Monitoramento/Sescoop (2020)

A vez das sobras

A distribuição de sobras em todo mês de dezembro se tornou tradição no Paraná. Várias cooperativas antecipam parte dos resultados no final de cada ano, antes mesmo de fechar o balanço, o que acaba por proporcionar um Natal melhor aos cooperados. O presidente da Cooperativa Agroindustrial Consolata (Copacol), Valter Pitol, comemorou os resultados de 2020: "O agronegócio superou todas as adversidades deste ano, mostrando sua força, sem parar um dia sequer. Nossos cooperados estiveram atuantes em suas propriedades, enquanto nossa cooperativa buscava novos mercados para agregar oportunidades aos produtos. O resultado, fruto de trabalho conjunto, gera o desenvolvimento da região, porque as sobras resultam em investimentos e compras no comércio e na indústria".

O presidente do Conselho de Administração da Cocamar Cooperativa Agroindustrial, Luiz Lourenço, também comentou os números alcançados em 2020: "Os cooperados são os donos da cooperativa, e as sobras correspondem ao retorno da sua participação". Ele compara a situação com a das empresas privadas, "[...] que acabam levando os lucros para outras regiões e até outros países, enquanto o dinheiro das cooperativas fica nas suas localidades".

Assistência técnica

Quando o cooperativismo no Paraná estava no início, a pioneira Batavo possuía estrutura precária e as prioridades estavam voltadas para o básico, como melhoria das estruturas de armazenagem e comercialização. Por isso, não havia recursos suficientes para investir em assistência técnica. Mas havia sim, desde o início, a consciência da necessidade do acompanhamento técnico para o desenvolvimento das atividades no campo.

No início, a assistência técnica ficava a cargo de órgãos governamentais como o Instituto Nacional de Colonização e Reforma Agrária (Incra) e a Associação dos Cafeicultores da Região de Patrocínio (Acarpa). Mas, com o crescimento, as cooperativas se tornaram autossuficientes nessa área. Já na década de 1980, o trabalho passou a ser feito pelo próprio setor. Hoje, não há dúvida de que o sucesso de uma cooperativa está diretamente ligado ao apoio prestado aos agricultores.

A assistência técnica desenvolvida pelas cooperativas é definida pela Lei nº 5.764 (16/12/1971), que fundamenta a Política Nacional do Cooperativismo e obriga a destinação de parte das sobras ao Fundo de Assistência Técnica, Educacional e Social (Fates). O índice mínimo do valor das sobras a ser transferido para o Fates é de 5%. De forma ampla, a assistência é prestada aos integrantes dos sete ramos do cooperativismo no Paraná por meio de cursos e treinamentos nas mais diferentes áreas.

Uma vez que todos os cooperados, especialmente os pequenos, tenham acesso a assistência técnica, é possível aumentar a renda das famílias, incrementar o uso da terra e viabilizar a comercialização da produção. O acesso a tecnologia de ponta e o aumento da produção agrícola estão diretamente ligados ao trabalho da assistência técnica.

Tamanha é a importância da assistência técnica que surgiram no Estado cooperativas de trabalho voltadas especificamente para essa área.

Técnicos da Coamo Agroindustrial Cooperativa orientam cooperados na coleta de amostras de solo

Uma das primeiras foi a Unicampo, com sede em Maringá (PR), constituída em dezembro de 1992, a partir da terceirização de serviços realizada pela Cocamar no município. O que poderia ser visto como problema se tornou oportunidade. Os profissionais passaram a prestar serviços para a Cocamar de forma autônoma.

O presidente da Unicampo, Luciano Ferreira Lopes, relembra: "Foi montada na época uma comissão para conduzir os estudos. Após diversas análises, tomamos conhecimento de um projeto elaborado pela Ocepar a pedido da Associação dos Engenheiros Agrônomos do Paraná (AEAPR) e inspirado no modelo da Unimed. A proposta da Ocepar foi então adaptada para atender às necessidades dos profissionais, e, em 16/12/1992, com a presença de 22 profissionais, foi constituída a Unicampo, Cooperativa de Trabalho dos Profissionais de Agronomia Ltda." Atualmente, a Unicampo tem cerca de 2,7 mil cooperados, que prestam serviços durante as safras de verão e inverno, realizando perícias e fiscalização e demais atendimentos ligados à assistência técnica.

A Biolabore, com sede em Santa Helena (PR), é uma cooperativa de trabalho mais recente. Foi criada em 2005 por um grupo de vinte jovens agrônomos e zootecnistas formados pela Universidade Estadual do Oeste do Paraná (Unioeste) que se uniram a profissionais liberais da região do município de Marechal Cândido Rondon, no oeste do Paraná. A proposta era compor uma equipe multidisciplinar que pudesse oferecer serviços e soluções técnicas com foco na sustentabilidade.

Em quinze anos, o número de associados da Biolabore já era quatro vezes maior, chegando a 79 integrantes em 2020. O grupo multidisciplinar atua em mais de vinte áreas, que vão desde a agricultura e criação convencionais até produção orgânica e de plantas medicinais, apicultura, homeopatia, planejamento ambiental, gestão de bacias hidrográficas e licenciamento ambiental.

E, para o futuro, o que se espera da assistência técnica? O gerente de Desenvolvimento Técnico da Ocepar, Flávio Turra, entende que os desafios do setor estão relacionados ao aumento da competitividade e da renda dos cooperados e, ao mesmo tempo, à oferta de alimentos de qualidade aos consumidores. Para isso, ele relata: "Os profissionais da área estão sendo desafiados a oferecer alternativas viáveis para diversificação das atividades, intensificação do uso do solo, inclusão dos filhos e das mulheres em projetos rentáveis, melhoria na gestão da propriedade e, de modo muito especial, transferência de tecnologias aos produtores". Turra conclui: "A tecnologia, combinada com a conectividade e a profissionalização dos produtores, vai elevar a um novo patamar a agropecuária brasileira".

SESCOOP, investimento no ser humano

A filosofia do Sescoop é pensar no presente e no futuro das cooperativas brasileiras. O órgão, que faz parte do Sistema S do Brasil, foi criado por medida provisória em 03/09/1998 e regulamentado por decreto em 1999. Atua junto à Ocepar como braço da capacitação profissional do sistema cooperativista. Prioritariamente, o Sescoop responde por três áreas: monitoramento das cooperativas (acompanhamento financeiro e econômico), promoção social dos cooperados e comunidades e formação profissional.

Programa Cooperjúnior: atividades lúdicas e dinâmicas para promover cidadania, ética e liderança

Além da representação nacional, há 27 unidades estaduais, entre as quais a do Paraná, instituída em setembro de 1999. Ali, o orçamento anual do Sescoop é de R$ 45,7 milhões. Os recursos são investidos em ações práticas indicadas pelas cooperativas por meio dos chamados *agentes*, colaboradores treinados pelo sistema para identificar as demandas de cada setor. Os agentes são estratégicos e funcionam como elo entre as cooperativas e o Sescoop.

A cada ano no Paraná são realizados em torno de 8,5 mil eventos, entre palestras, cursos, workshops, fóruns, encontros e cursos nas mais diferentes áreas: gestão, educação cooperativista, saúde e segurança do trabalho, além da área técnica.

A participação anual é de mais de 200 mil pessoas, entre colaboradores das cooperativas, associados e familiares. Em 2019, esse contingente superou 229 mil pessoas, que passaram por treinamentos na área de gestão, governança, *compliance*, administração e qualificação de mão de obra.

Leandro Macioski, coordenador de profissionalização do Sescoop/PR, resume: “Os investimentos constantes em qualificação se refletem nos resultados econômicos das cooperativas. Os programas de capacitação profissional e promoção social têm como objetivo desenvolver as cooperativas paranaenses, desde o aperfeiçoamento técnico até o aprimoramento de pesquisas científicas aplicadas”.

Nas duas últimas décadas, o cooperativismo do Paraná apresentou crescimento médio de 18,7% ao ano. O resultado é reflexo em grande parte dos recursos aplicados em qualificação e profissionalização. No mesmo período, os investimentos do Sescoop aumentaram 19,8%. Essa proporcionalidade demonstra que o sucesso do cooperativismo passa necessariamente pelo investimento em recursos humanos. Atualmente, os treinamentos fazem parte da rotina das cooperativas, que preparam os associados para os desafios administrativos, econômicos, sociais e ambientais da sociedade contemporânea.

Esforço de engajamento

O Sistema Ocepar criou a Organização do Quadro Social (OQS), com o objetivo de ampliar a atuação de cooperados cada dia mais conscientes e qualificados. Se são os donos, devem participar ativamente da vida das cooperativas. Para isso, são realizadas várias ações com base nas demandas num trabalho coordenado pelo Sescoop.

A analista técnica do Sistema Ocepar Eliane Lourenço Festa explica: "A OQS promove a compreensão do que é o cooperativismo, de como atua a cooperativa e qual a importância dos sócios nos processos decisórios do empreendimento cooperativo. O trabalho da OQS busca, portanto, aproximar e envolver o quadro social na vida da cooperativa, visando ao engajamento e à fidelização de seus membros".

O superintendente do Sescoop no Paraná, Leonardo Boesche, lembra o quinto princípio do cooperativismo para acrescentar: "A educação proporciona às cooperativas o engajamento de pessoas a esse movimento apaixonante, que é formá-las e prepará-las para melhor desempenhar suas funções. Sendo a cooperativa uma sociedade de pessoas, dominar o conhecimento é fundamental. Ou seja: o objetivo é criar oportunidades para que os cooperados e famílias possam participar de um processo produtivo para inserção na vida social e no mercado. Dessa forma, os programas de treinamento devem estar focados no planejamento estratégico e principalmente no plano de negócios da cooperativa, para que cumpram seu papel no desenvolvimento de uma sociedade cooperativa".

Os programas da OQS coordenados pelo Sescoop são dirigidos a duas áreas: público interno (cooperados e familiares) e comunidade em que a cooperativa está inserida.

Programas para os cooperados

• **Inovação** • O Programa de Inovação para o Cooperativismo Paranaense é destinado a colaboradores e gestores das cooperativas com o objetivo de formar agentes de inovação e estimular a criatividade. Durante o curso, são identificados agentes de ideias (ideação) e agentes transformadores, que passam a desenvolver trabalhos inéditos nas cooperativas. Lançado em 2018, o Programa de Inovação teve a participação no primeiro ciclo (2018/2019) de setenta cooperativas de onze cidades do Paraná. No ciclo 2020/2021, 68 cooperativas aderiram ao programa, com mais de 546 participantes em dezessete turmas.

• **Certificação de conselheiros** • Voltado para membros do Conselho Fiscal das cooperativas, suplentes e cooperados que queiram tornar-se futuros conselheiros. O objetivo é reciclar conhecimento, principalmente para que haja transparência na gestão dos recursos financeiros. O curso tem validade de três anos, e são formadas várias turmas anualmente.

• **Educação cooperativista** • Atende todos os públicos das cooperativas: conselheiros, cooperados, novos associados, funcionários e empresas parceiras. Está baseado em três pilares: educação, formação e informação, essenciais para a gestão das cooperativas.

• **Liderança feminina** • A cada ano, o Sescoop promove o Encontro da Liderança Feminina (Elicoop), que teve início em 2006. É focado na educação e formação de líderes femininas, para o desenvolvimento pessoal e profissional, com base na cooperação.

• **Liderança jovem** • O Jovemcoop (agora chamado Cooperlíder) é um grande encontro estadual de jovens cooperados e filhos de associados do Paraná realizado anualmente. Teve início em 1992 e incentiva esse público a participar ativamente das cooperativas. São as novas gerações garantindo o futuro do cooperativismo.

• **Cooperjúnior** • Destinado a crianças e adolescentes com idade entre 9 e 14 anos, filhos e netos de cooperados. Busca levar-lhes o conhecimento dos princípios do cooperativismo, com atividades lúdicas e dinâmicas.

• **Cooperlíder feminino** • Tem por objetivo ampliar a atuação feminina nas cooperativas. O foco nas mulheres vem desde 1960, com a União Feminina da Castrolanda. Mas se tornou mais incisivo a partir de 1998, com a criação do Sescoop no Paraná, com cursos nas áreas de liderança, administração, comunicação, criatividade, inovação e gestão. Também realiza o Encontro Anual do Cooperlíder Feminino, com as líderes de cada cooperativa. Em 2020, o encontro reuniu virtualmente 2,3 mil mulheres por meio do Canal de TV

Paraná Cooperativo. Em 2020, as mulheres representavam 54% dos associados das cooperativas no Estado e 45% do quadro de funcionários. Atualmente, há 96 mulheres nos conselhos fiscais, 76 em cargos de diretoria e onze como presidentes de cooperativas.

• **Jovem Aprendiz Cooperativo** • Com idade de 14 a 24 anos, os jovens realizam treinamentos na condição de aprendiz em trabalhos executados pelas cooperativas parceiras. Em 2020, mais de cinquenta cooperativas participaram do programa em 188 cidades do Paraná.

• **Universitário Cooperativo** • Um dos programas mais recentes, teve início em 2019, com sete cooperativas e 32 jovens. Em parceria com universidades, funciona como um *banco de talentos* para as cooperativas focado em estudantes universitários. Durante um ano, os alunos participam de oficinas voltadas aos princípios do cooperativismo. Depois de formados, podem trabalhar nas cooperativas paranaenses, que necessitam de mão de obra qualificada.

• **Programa da felicidade** • O Felicidade Interna do Cooperativismo (FIC) utiliza metodologia baseada no conceito de *ciência da felicidade*, com fundamentos teóricos reconhecidos por importantes academias internacionais, entre elas a Universidade de Harvard. O programa mede o sentimento das pessoas com base numa pesquisa de avaliação de bem-estar psicológico, saúde, uso do tempo, vida na comunidade, educação, cultura, meio ambiente, governança e padrão de vida. A partir dos resultados, os próprios funcionários sugerem planos de ação e mudanças. A intenção é otimizar as relações no trabalho, para que os colaboradores sejam felizes, o que impacta diretamente na produtividade. Em 2020, nove cooperativas participaram do FIC.

Programas para a comunidade

Além do trabalho voltado ao público interno das cooperativas, há programas abertos para a comunidade que incluem crianças, adolescentes, jovens, adultos e mulheres, como segue.

• **Cooperjovem** – Para alunos do Ensino Fundamental, promove a cultura da cooperação já na infância e é realizado pelo Sescoop em parceria com cooperativas e escolas. O Cooperjovem atua em quatro áreas educacionais: cooperativista, financeira, ambiental e empreendedora. Em 2020 no Paraná, o programa contou com a parceria de 22 cooperativas, envolvendo 34.792 alunos, 2.926 professores e 348 escolas em 66 municípios paranaenses.

Elicoop: destinado à educação e formação de líderes femininas

• **Farol do Saber e Inovação** - projeto que busca o fortalecimento da cultura da cooperação entre crianças. É realizado em escolas vinculadas ao Farol do Saber - uma rede de bibliotecas em praças ou anexas a escolas municipais de Curitiba, abertas também à comunidade, que abrigam espaços e equipamentos (algumas com impressoras 3D) para fortalecer competências em informação, tecnologia, inovação entre outras. Os alunos participam de jogos cooperativos, música, pintura e teatro, além de atividades lúdicas que incentivam o comportamento colaborativo e menos competitivo, princípio básico da cultura da cooperação. Atualmente são 33 Faróis do Saber entregues em Curitiba (PR). Em 2019, participaram das atividades 1.557 alunos de dez escolas, além de 59 professores do 4º e 5º ano do Ensino Fundamental, numa parceria com o Sistema Ocepar, ONG Unicultura (voltada à promoção de arte e cultura com vista ao desenvolvimento local) e Secretaria Municipal de Educação de Curitiba.

Ações de combate à COVID-19

Durante a pandemia do Coronavírus em 2020, as ações das cooperativas atenderam mais de 900 mil pessoas em vários municípios.

As cooperativas paranaenses vêm desempenhando importante papel no esforço de combate à Covid-19, tanto em atividades ligadas ao trabalho, para diminuir os efeitos sobre as famílias mais necessitadas, como na estrutura médica e de assistência social do Estado. Em 2020, com a participação de 212 cooperativas paranaenses e desembolso de R$ 6,5 milhões, foram realizadas 635 ações, com o trabalho de 59.267 voluntários, que prestaram assistência a cerca de 900 mil pessoas.

Além das famílias, foram atendidos hospitais e entidades assistenciais, sendo distribuídas toneladas de alimentos, cestas básicas, material de higiene e limpeza, máscaras, álcool, roupas, fraldas descartáveis, cobertores e outros itens.

Um dos destaques foi a doação de 37 ventiladores pulmonares à rede hospitalar do Paraná em 08/03/2021, destinados aos leitos de Unidade de Terapia Intensiva (UTI) para atendimento a pacientes da Covid-19. Os recursos para a compra dos equipamentos somaram R$ 2,2 milhões. Onze cooperativas paranaenses da região oeste participaram da ação coordenada pelo Sistema Ocepar: Lar, C.Vale, Copacol, Coopavel, Frimesa, Copagril, Primato, Sicredi Vale do Piquiri Abcd PR/SP, Sicredi Nossa Terra PR/SP, Sicredi Progresso PR/SP e Sicredi Aliança PR/SP.

O presidente da Ocepar, José Roberto Ricken, manifestou-se sobre a mobilização no combate à pandemia no Paraná: "Há uma sensibilidade muito grande para ajudar a saúde de todos. Como cooperativas, temos como um dos princípios a responsabilidade com a comunidade, e é isso que

A campanha organizada em 2020 pela Uniprime junto com a Unimed arrecadou mais de 16 toneladas de alimentos

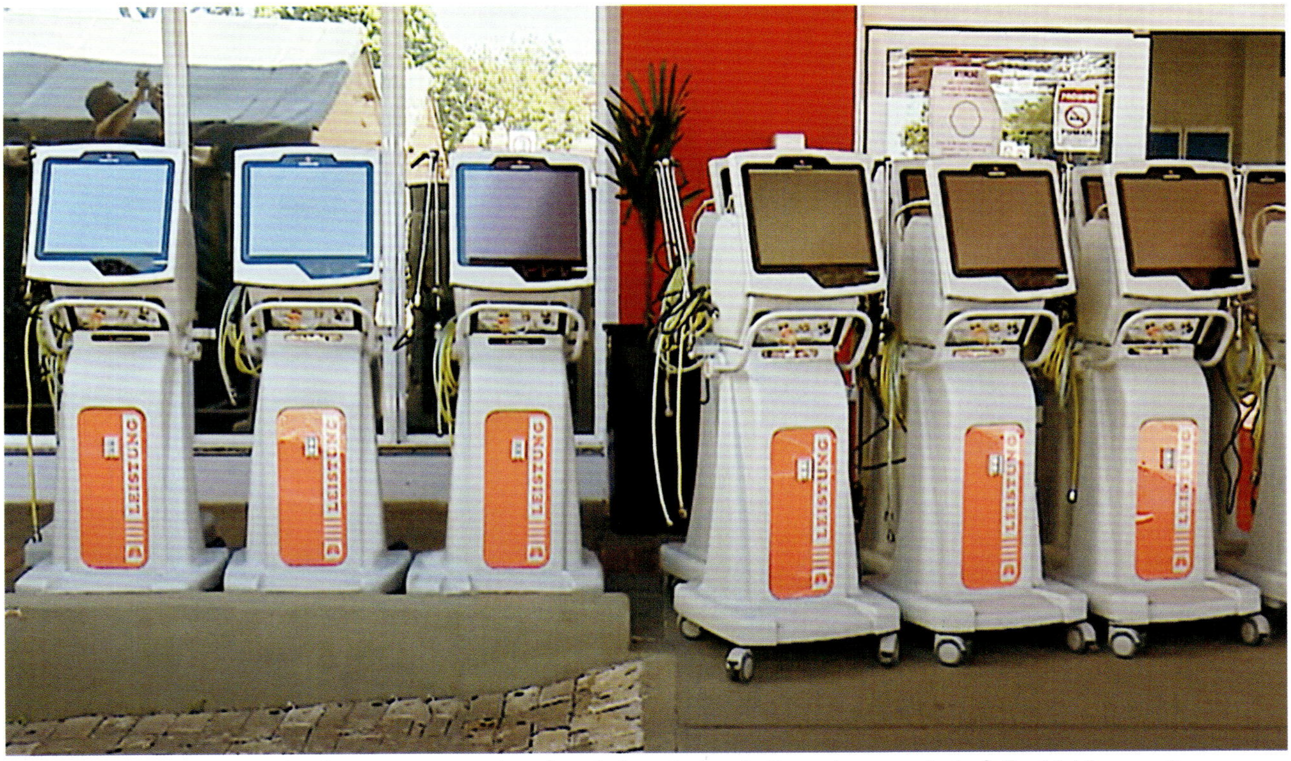

Ventiladores pulmonares doados por cooperativas à rede hospitalar do Paraná no combate à Covid-19 em ação coordenada pela Ocepar

fizemos com a doação desses equipamentos. Nós nos reunimos e adquirimos o que pudemos para beneficiar mais pessoas". Para Ricken, a responsabilidade social deve ser compartilhada: "Temos essa característica enquanto cooperativas, pensamos pelo bem da região em que estamos inseridos. Tendo saúde, o restante a gente resolve".

Doações realizadas pelas cooperativas durante a pandemia em 2020

• **Cocamar** • 23 mil litros de álcool (gel) para colaboradores; entidades assistenciais e hospitais da região de Londrina e Maringá; órgãos públicos, prefeituras e outras empresas. Também foram doados 2 mil pães para o Hospital Universitário Regional de Maringá e mais de 400 jogos de fronhas e lençóis para o H.U. e para o Hospital Metropolitano de Maringá.

• **Sicoob Sul** • Arrecadação de 3 toneladas de alimentos distribuídos em mais de trinta instituições de Curitiba e região metropolitana, além de Campos Gerais (PR) e Florianópolis (SC).

• **Sicoob Central** • Mais de 48 mil máscaras doadas para instituições assistenciais, cooperados, colaboradores e comunidade em geral.

• **Copacol** • Doação de luvas descartáveis e camisas impermeáveis além de 2 toneladas de carne de frango para hospitais da região em parceria com a Unitá, beneficiando 41 municípios.

A Uniprime Pioneira, em parceria com a Unimed Costa Oeste, realizou em 2020 um *drive thru* para que as pessoas pudessem doar alimentos com segurança respeitando o distanciamento. Em quatro horas de ação, foram arrecadados alimentos, leite, além de material de higiene e limpeza, doados à Apae de Toledo (PR).

"Mais do que nunca a solidariedade se faz necessária para atender às demandas crescentes, e direcionar nossa ação para isso fortalece a mobilização", destaca o presidente da Uniprime Pioneira, Orley Campagnolo. O presidente da Unimed Costa Oeste, Hiroshi Nishitani, complementa: "As cooperativas atendem às demandas dos cooperados, mas também é necessário haver uma devolução à comunidade. A união de forças da Unimed e da Uniprime materializa o princípio da intercooperação".

DIA C, dia de cooperar

O dia de Cooperar, conhecido como Dia C, teve início em 2015, com o objetivo de promover ações solidárias voltadas a instituições assistenciais e famílias em situação de risco. A responsabilidade social também faz parte dos princípios cooperativistas, com ações sociais, esportivas, culturais e ambientais nas comunidades. Centenas de iniciativas são tomadas todos os anos no Estado inteiro.

O Dia de Cooperar (Dia C), realizado sempre no Dia do Cooperativismo (3 de julho), envolve toda a comunidade

SistemaOCB
CNCOOP - OCB - SESCOOP

Inclusão social

A Cresol, cooperativa de crédito com sede em Francisco Beltrão (PR), junto com famílias cooperadas em dezessete Estados, promove atividades e cursos na área profissional, de cooperativismo e de educação financeira (um deles em parceria com o Banco Central). Entre os programas, o Juventude Conectada teve início em 2017, com 95 participantes. Em 2019, atraiu mais de 1,1 mil adolescentes e jovens de 25 municípios, sendo realizado em escolas do Ensino Médio.

O Projeto Empreendedorismo inclui toda a família e tem por objetivo diversificar a produção nas propriedades, estimular as atividades que discutam a biodiversidade, a preservação do meio ambiente e a preparação da sucessão familiar. Envolve dezenove cooperativas e 750 famílias da área rural. As cooperativas disponibilizam dezenas de cursos gratuitos on-line que atingiram em 2020 perto de 10,4 milhões de pessoas.

O programa Juventude Conectada da Cresol atendeu em 2019 mais de mil jovens de 25 municípios

Programa cultivar

Outras atividades se tornaram referência nas comunidades. Uma delas é o Programa Cultivar, desenvolvido na Associação de Pais e Amigos dos Excepcionais (Apae) de Maringá e Rolândia. A iniciativa surgiu em 2006, fruto da parceria da Cocamar com o Instituto Ambiental do Paraná (IAP).

O objetivo do programa é promover a inclusão social de pessoas com deficiência e contribuir com a preservação ambiental, com oferta de mudas de árvores nativas cultivadas por alunos da Apae. Mais de 2 milhões de mudas já foram distribuídas para recomposição de matas ciliares e de iniciativas de preservação.

Trabalham nos viveiros instalados nas duas cidades trinta alunos, com salário fixo e carteira assinada. O slogan do Programa Cultivar é "Produzindo florestas com mãos especiais".

A vida como prioridade

Temas desafiadores para toda a sociedade também fazem parte da pauta do cooperativismo. É o caso do enfrentamento do alcoolismo e uso de drogas. A Frimesa patrocina o Programa Saber Viver, que visa à prevenção e combate às várias formas de dependência dentro da cooperativa e fora dela também. Entre os colaboradores, são realizadas campanhas de valorização da vida e, quando necessário, as pessoas são encaminhadas para tratamento.

O trabalho da Frimesa é realizado em parceria com o Recanto Parque Iguaçu, que oferece va-

Programa Cultivar Cocamar/Apae: inclusão social na produção de mudas para preservação

gas para internação. Após o tratamento, os internos são ressocializados e integrados à comunidade e ao mercado de trabalho por meio do projeto Eu Escolhi Viver. Uma equipe multiprofissional promove atividades na área cultural e social além de oferecer esporte e lazer. A própria cooperativa está de portas abertas para a reinserção desses profissionais. Desde 2014, quando foi lançado, o Programa Saber Viver já atendeu mais de 3 mil pessoas.

Roda de conversa no Programa Saber Viver promovido pela Frimesa

Outro foco de atenção da Frimesa é a inclusão. A cooperativa tem parceria com a Associação Medianeirense de Surdos e Fissurados (Amesfi) e com a Escola de Educação Bilíngue para Surdos. São realizados cursos de libras para os colaboradores interessados e ofertadas vagas de emprego para deficientes auditivos atendidos pela Amesfi.

Cultura e esporte

Há muitas propostas de atividades ligadas à cultura e ao esporte. A cooperativa de crédito Sicoob Metropolitano tem uma iniciativa pioneira no Paraná criada em 2014 – o Coral Sicoob Metropolitano, que surgiu a partir do Programa Felicidade Interna do Cooperativismo (FIC). Regido por maestro profissional, o coral é composto por colaboradores do Sicoob e famílias, que fazem exibições ao longo de todo o ano. Um dos momentos marcantes foi a apresentação especial de fim de ano realizada em 2019: além do belo repertório do Coral Sicoob, houve a participação de uma tru-

Coral Sicoob canta no especial de fim de ano, 2019

pe de teatro, que contou a história do nascimento de Jesus em forma de cordel.

Atuando na área desportiva, o Sicoob Byke promove atividades diversificadas sobre duas rodas. Uma equipe permanente de colaboradores realiza passeios ao ar livre, levando famílias e grupos para pedalar, fazer trilhas e trajetos urbanos, com percursos adequados a cada turma.

Quando o assunto é integração e diversão ao mesmo tempo, a Coamo *bate um bolão!* A cooperativa de Campo Mourão realiza um torneio de futebol suíço que se tornou o maior evento esportivo rural do Brasil. É a Copa Coamo, que teve início em 1993 e atualmente reúne mais de 7 mil cooperados a cada edição. O torneio movimenta dezenas de municípios nas fases iniciais. São quase 500 equipes que se enfrentam em sete regionais, de onde sairão os finalistas.

As finais, realizadas em Campo Mourão, reúnem uma torcida de mais de 30 mil pessoas. Antes da disputa em campo, o público assiste a um cerimonial com direito a tocha e pira olímpica, juramento do atleta e desfile das delegações dos times classificados. A cerimônia, que ainda conta com apresentações culturais, é realizada no Ginásio da Associação Recreativa dos Funcionários da Coamo. "Na Copa Coamo, todos são campeões. É uma festa que integra e fortalece os laços de amizade e da família cooperativista Coamo. Essa é nossa maior conquista", afirma o presidente da cooperativa, José Aroldo Galassini.

Sicoob Byke: passear pedalando

Final da Copa Coamo de 2019: com participação de 7 mil cooperados, o campeonato ocorre a cada dois anos em Campo Mourão

RELAÇÃO DAS COOPERATIVAS PARANAENSES

AGROPECUÁRIO

Agrária
Cooperativa Agrária Agroindustrial
Praça Nova Pátria, s/n
Guarapuava/PR
(42) 3625 8000 (42) 3625 8365
www.agraria.com.br
agraria@agraria.com.br

Bom Jesus
Cooperativa Agroindustrial Bom Jesus
Rodovia BR-476, km 198, s/n
Lapa/PR
(41) 3622 1515
(41) 3622 1901
www.bj.coop.br
bomjesus@bj.coop.br

C.Vale
C.Vale Cooperativa Agroindustrial
Avenida Independência, 2347
Palotina/PR
(44) 3649 8168
(44) 3649 8181
www.cvale.com.br
diret@cvale.com.br

Camisc
Cooperativa Agrícola Mista São Cristóvão
Rua Quatro, 503
Mariópolis/PR
(46) 3226 8300
(46) 3226 8304
https://camisc.coop.br
camisc@camisc.com.br

Camp
Cooperativa Agrícola Mista Prudentópolis
Rua Lamenha Lins, 815
Prudentópolis/PR
(42) 3446 1336
www.camp.coop.br
camp@camp.coop.br

Capal
Capal Cooperativa Agroindustrial
Rua Saladino de Castro, 1375
Arapoti/PR
(43) 3512 1000
www.capal.coop.br
capal@capal.coop.br

Casb
Cooperativa Agrícola Sul Brasil de Londrina
Avenida Rio de Janeiro, 1150
Assaí/PR
(43) 3262 1106
Sem referência de site
coopsubra2@gmail.com

Castrolanda
Castrolanda Cooperativa Agroindustrial
Praça dos Imigrantes, 03
Castro/PR
(42) 3234 8000
www.castrolanda.coop.br
castrolanda@castrolanda.coop.br

Cativa
Cativa Cooperativa Agroindustrial de Londrina
Rua Bélgica, 355
Londrina/PR
(43) 3341 1905
(43) 3341 7503
www.cativa.coop.br
cativa@cativa.coop.br

Clac
Cooperativa de Laticínios de Curitiba
Rua Colombo, 1975
São José dos Pinhais/PR
(41) 3035 5850
https://clac.lwsite.com.br
alberi@clac.coop.br

CM3
CM3 Cooperativa Agroindustrial
Rodovia BR-158, km 85
Sumaré, Paranavaí/PR
(44) 3421 6000
www.cm3cooperativa.com.br
corporativo@cm3cooperativa.com.br

Coacan
Cooperativa Agropecuária Candói
Rodovia BR-373, km 400, s/n
Candói/PR
(42) 3638 1023
www.coacan.com.br
caocancandoi@ibest.com.br

Coacipar
Coacipar Cooperativa de Agricultura Familiar e Solidária do Paraná
Rua Quinze de Novembro, 173
Paranavaí/PR
(44) 3422 2461
Sem referência de site
gerenciacoacipar@yahoo.com.br

Coagro
Coagro Cooperativa Agropecuária
Rua Padre Cirilo, 196
Capanema/PR
(46) 3552 1497
(46) 3552 8000
www.coagro.com.br
coagro@coagro.com.br

Coagru
Coagru Cooperativa Agroindustrial União
Avenida das Indústrias, km 01
Ubiratá/PR
(44) 3543 8800
www.coagru.com.br
coagru@coagru.com.br

Coamig
Coamig Agroindustrial Cooperativa
Avenida Moacir Júlio Silvestri, 145
Guarapuava/PR
(42) 3623 4012
www.coamig.com.br
coamig@coamig.com.br

Coamo
Coamo Agroindustrial Cooperativa
Rua Fioravante João Ferri, 99
Campo Mourão/PR
(44) 3599 8000
(44) 3599 8001
www.coamo.com.br
coamo@coamo.com.br

Coanorp
Cooperativa Agropecuária Norte
Avenida Rio de Janeiro, 977
Astorga/PR
(44) 3234-8115
Sem referência de site
coanorp@gmail.com

Coaprocor
Coaprocor Cooperativa Agroindustrial de Corumbataí do Sul
Rua Guarani, s/n
Corumbataí do Sul/PR
(44) 3277 1171
www.coaprocor.com.br
coaprocoragroindustrial@hotmail.com

Coasul
Coasul Cooperativa Agroindustrial
Rua General Osório, 920
São João/PR
(46) 3533 8100
www.coasul.com.br
coasul@coasul.com.br

Coave
Cooperativa Agroindustrial Avícola União
Rodovia Atílio Mezzon, km 1
Nova Aurora/PR
(45) 3243 2089
Sem referência de site
coave.granja@hotmail.com

Cocamar
Cocamar Cooperativa Agroindustrial
Estrada Oswaldo de Moraes Corrêa, 1000
Parque Industrial/PR
(44) 3221 3007
www.cocamar.com.br
cocamar@cocamar.com.br

Cocari
Cocari Cooperativa Agropecuária e Industrial
Rua Lord Lovat, 420
Mandaguari/PR
(44) 3233 1320
www.cocari.com.br
secretaria@cocari.com.br

Codepa
Cooperativa de Desenvolvimento e Produção Agropecuária
Rodovia PR 459, km 28, s/n
Zona Rural, Mangueirinha/PR
(46) 3243 8301
www.codepa.com.br
codepa@codepa.com.br

Colari
Colari Cooperativa de Laticínios de Mandaguari
Avenida Amazonas, 1626
Mandaguari/PR
(44) 3233 1182
www.colaricooperativa.com.br
admnistrativo@colaricooperativa.com.br

Cooatol
Cooperativa Agroindustrial de Toledo
Rua Mate Laranjeiras, 1416
Toledo/PR
(45) 3125 5700
www.cooatol.com.br
cooatol@cooatol.com.br

Cooavisul
Cooperativa dos Avicultores do Sudoeste do Paraná
Rua G, 75
Dois Vizinhos/PR
(46) 3536 2391
Sem referência de site
cooavisul@brturbo.com.br

Coofamel
Coofamel Cooperativa Agrofamiliar Solidária dos Apicultores
Rua Angelo Cattani, Chácara 1-4
Santa Helena/PR
(45) 3268 2445
Sem referência de site
coofamel@hotmail.com

Coonagro
Cooperativa Nacional Agroindustrial
Rua Dr. Brasílio Vicente de Castro, 111 - 11° andar, salas 1101/1102
Curitiba/PR
(41) 3281 1512
(41) 3344 7474
http://coonagro.coop.br
privacidade@coonagro.coop.br

Coopagrícola
Cooperativa Agrícola Mista de Ponta Grossa
Rua Olindo Justus, 4723
Ponta Grossa/PR
(42) 3228 3401
(42) 3228 3402
www.coopagricola.com.br
coopagricola@coopagricola.com.br

Coopavel
Coopavel Cooperativa Agroindustrial
Rodovia BR-277, km 591
Cascavel/PR
(45) 3220 5022
(45) 3220 5000
https://coopavel.com.br
coopavel@coopavel.com.br

Coopcana
Cooperativa Agrária Regional de Produtores de Cana
Avenida Tapejara, 2150
Paraíso do Norte/PR
(44) 3438-8000
diretoria@coopcana.com.br

Coopeler
Cooperativa dos Produtores de Leite do Território Entre Rios
Rodovia PR-490, s/n, km 1, Parque Industrial
São Jorge do Patrocínio/PR
(44) 3634 1789
Sem referência de site
coopeler.sjp@hotmail.com

Cooperaliança
Cooperativa Agroindustrial Aliança de Carnes Nobres
Avenida Padre José Persch, 1655
Guarapuava/PR
(42) 3141 5050
https://cooperalianca.com
cordeiro@cooperalianca.com

Cooperante
Cooperativa Agrícola Campo do Tenente
Rua André Valenga, 360
Campo do Tenente/PR
(41) 3628 1308
www.cooperante.com.br
cooperante@cooperante.com.br

Coopergreen
Cooperativa de Produção Agroflorestal
Rua Piratininga, 668

Maringá/PR
(44) 3244 4085
Sem referência de site
financeiro@coopergreen.com.br

Cooperlate-Vida
Cooperativa de Produção de Leite de Coronel Vivida
Rua Claudino dos Santos, 218
Coronel Vivida/PR
(46) 3232 3342
Sem referência de site
cooperlatevida@yahoo.com.br

Coopernobre
Coopernobre Agroindustrial de Produtores de Carnes
Rua da Liberdade, 1778
Toledo/PR
(45) 3238 1739
Sem referência de site
jaqueline@sperotto.com.br

Cooperponta
Cooperativa Agrícola Pontagrossense
Avenida Newton Slaviero, 501
Ponta Grossa/PR
(42) 3229 2552
www.cooperponta.com.br
cooperponta@interponta.com.br

Coopertradição
Cooperativa Agropecuária Tradição
Via do Conhecimento, 1911, km 02
Pato Branco/PR
(46) 3220 2000
www.coopertradicao.com.br
coopertradicao@coopertradicao.com.br

Cooperval
Cooperativa Agroindustrial Vale do Ivaí Ltda.
Rodovia BR-369, km 12
Jandaia do Sul/PR
(43) 3432 9800
(43) 3432 9813
www.cooperval.coop.br
cooperval@cooperval.com

Coovicapar
Cooperativa dos Produtores de Ovinos e Caprinos do Oeste
Estrada Sobradinho Vila Nova, s/n
Toledo/PR
(45) 3277 0677
Sem referência de site
betomutti@uol.com.br

Copacol
Copacol Cooperativa Agroindustrial Consolata
Rua Desembargador Munhoz de Mello, 176
Cafelândia/PR
(45) 3241 8080
/www.copacol.com.br
copacol@copacol.com.br

Copagril
Cooperativa Agroindustrial Copagril
Avenida Maripa, 2180
Marechal Cândido Rondon/PR
(45) 3284 7500
www.copagril.com.br
copagril@copagril.com.br

Coperflora
Coperflora Cooperativa Florestal
Rodovia BR-369, s/n
Ubiratã/PR
(45) 3543 8800
Sem referência de site
diretoria@copacol.com.br

Copergera
Cooperativa Florestal dos Campos Gerais
Rodovia BR-376, km 396, s/n
Imbaú/PR
(42) 99136 0890
copergera@hotmail.com

Coprossel
Cooperativa dos Produtores de Sementes Coprossel
Avenida Santos Dumont, 5235
Laranjeiras do Sul/PR
(42) 3635 2519
www.coprossel.com.br
coprossel@coprossel.com.br

Cotriguaçu
Cotriguaçu Cooperativa Central
Rua da Bandeira, 541
Cascavel/PR
(45) 3220 3700
www.cotriguacu.com.br
cotriguacu@cotriguacu.com.br

Frimesa
Frimesa Cooperativa Central
Rua Bahia, 159
Medianeira/PR
(45) 3264 8000
www.frimesa.com.br
frimesa@frimesa.com.br

Frísia
Frísia Cooperativa Agroindustrial
Avenida dos Pioneiros, 2324
Carambeí/PR
(42) 3231 9000
(42) 3231 9015
www.frisia.coop.br
sac@frisia.coop.br

Integrada
Integrada Cooperativa Agroindustrial
Rua São Jerônimo, 200
Londrina/PR
(43) 3294 7000
www.integrada.coop.br
integrada@integrada.coop.br

Lar
Lar Cooperativa Agroindustrial
Avenida 24 de Outubro, 59
Medianeira/PR
(45) 3264 8800
www.lar.ind.br
diretoria@lar.ind.br

Maria Macia
Maria Macia Cooperativa Mista Agropecuária
Rua Santa Cruz, 923
Campo Mourão/PR
(44) 3017 1211
www.mariamacia.com.br
mariamacia@mariamacia.com.br

Nova Citrus
Cooperativa dos Fruticultores de Nova América da Colina e Região
Rodovia Pedro Baggio PR-525, km 10,850, s/n
Nova América da Colina/PR
(43) 3523 4107
(43) 3553 1532
Sem referência de site
novacitrus@hotmail.com

Nova Produtiva
Cooperativa Agroindustrial Nova Produtiva
Avenida Rio de Janeiro, 977
Astorga/PR
(44) 3234 8101
http://novaprodutiva.com.br
sec.executiva@novaprodutiva.com.br

Primato
Primato Cooperativa Agroindustrial
Trecho Toledo a Três Bocas, BR-163
Toledo/PR
(45) 3056 7500
www.primato.com.br
primato@primato.com.br

Unicastro
Cooperativa Agrícola União Castrense
Rua Francisco Assis de Andrade, 443
Castro/PR
(42) 3233 1826
Sem referência de site
cooperativa@unicastro.com.br

Unita
Unita Cooperativa Central
Rodovia BR-369, km 439, s/n
Ubiratã/PR
(44) 3543 8400
www.unitacentral.com.br
diretoria@unitacentral.com.br

Witmarsum
Cooperativa Mista Agropecuária Witmarsum
Rodovia BR-277, km 147, s/n
Palmeira/PR
(42) 3254 4000
www.witmarsum.coop.br
witmarsum@witmarsum.coop.br

CRÉDITO

Central Cresol Baser
Cooperativa Central de Crédito Rural
Rua Ernesto Sanderson, 101
Francisco Beltrão/PR
(46) 3520 1981
https://cresol.com.br
glenda@cresol.com.br

Central Sicredi PR/SP/RJ
Rua Alcides Munhoz, 165
Curitiba/PR
(41) 3281 5400
https://www.sicredi.com.br/coop/vanguarda/
Fale conosco: https://www.sicredi.com.br/fale-conosco/

Coopesf
Cooperativa de Crédito do Sistema Financeiro
Rua Marechal Deodoro, 314, 9º andar, sala 903
Curitiba/PR
(41) 3224 3200
http://coopesf.com.br
coopesf@coopesf.com.br

Credialiança
Cooperativa de Crédito Rural
Avenida Presidente Bernardes, 1000
Rolândia/PR
(43) 3255 7800
www.credialianca.com.br
credi@credialianca.com.br

Credibrf
Cooperativa de Economia e Crédito Mútuo BRF
Rodovia BR-277 Curitiba-Ponta Grossa, 3001
Curitiba/PR
(41) 3401 7236
www.credibrf.com.br
pa.curutuba@credibrf.com.br

Credicoamo
Credicoamo Crédito Rural Cooperativa
Rua Fioravante João Ferri, 99
Campo Mourão/PR
(44) 3599 7000
www.credicoamo.com.br
credicoamo@coamo.com.br

Credicoopavel
Cooperativa de Crédito Rural Coopavel
Rodovia BR-277, Km 591, Parque São Paulo
Cascavel/PR
(45) 3220 5000
https://credicoopavel.com.br
credicoopavel@credicoopavel.com.br

Credisanepar
Rua Mobral, 464
Cascavel/PR
(45) 3224-5264
Sem referência de site
credisanepar@brturbo.com.br

Creserv Pinhão
Cooperativa de Crédito Mútuo dos Servidores Públicos
Rua Francisco Dellê, 73
Pinhão/PR
(42) 3677 3781
www.creservpinhao.com.br
creserv@creservpinhao.com.br

Evolua
Cooperativa de Crédito da Região do Sudoeste do Paraná
Rua Curitiba, 1819, 1° andar
Francisco Beltrão/PR
(46) 3523 7333
www.evolua.coop.br
evolua@evolua.coop.br

Lar Credi
Cooperativa de Crédito
Avenida 24 de Outubro, 59, sala 1, piso 2
(45) 3240 3007
Medianeira/PR
larcredi.com.br
larcredi@larcredi.com.br

Sicoob Aliança
Cooperativa de Crédito
Rua Curitiba, 1335
Apucarana/PR
(43) 2102 4800
www.sicoob.com.br/web/sicoobalianca
atendimento@sicoobalianca.com.br

Sicoob Arenito
Cooperativa de Crédito
Rua Londrina, 3516
Umuarama/PR
(44) 3622 4111
www.sicoobunicoob.com.br/minha-cooperativa/sicoob-arenito/
controladoria@sicoobarenito.com.br

Sicoob Central Unicoob
Central das Cooperativas
Avenida Duque de Caxias, 882
Maringá/PR
(44) 3032 7706
(44) 3032 7744
(44) 3032 7777
www.sicoobunicoob.com.br/minha-cooperativa/sicoob-central-unicoob/a-cooperativa/
cesar@sicoobpr.com.br

Sicoob Confiança
Rua Goiás, 1231
Marechal Cândido Rondon/PR
(44) 3033 4516
(45) 3284 2005
Sem referência de site
csfiscal@sicoobunicoob.com.br

Sicoob Credicapital
Cooperativa de Crédito
Avenida Toledo, 247
Cascavel/PR
(45) 3321 3200
www.sicoobunicoob.com.br/minha-cooperativa/sicoob-credicapital/a-cooperativa/
financeiro@sicoobcascavel.com.br

Sicoob Horizonte
Cooperativa de Crédito
Avenida Arapongas, 446
Arapongas/PR
(43) 3055 2010
www.sicoobunicoob.com.br/minha-cooperativa/sicoob-horizonte/a-cooperativa/
flavio@sicoobarapongas.com.br

Sicoob Integrado
Cooperativa de Crédito Iguaçu
Rua Tapajós, 440
Pato Branco/PR
(46) 3025 9900
www.sicoobunicoob.com.br/minha-cooperativa/sicoob-integrado/a-cooperativa/
sicoob@sicoobintegrado.com.br

Sicoob Médio Oeste
Cooperativa de Crédito
Avenida Tupâssi, 2928
Assis Chateaubriand/PR
(44) 3528 0900
www.sicoobunicoob.com.br/minha-cooperativa/sicoob-medio-oeste/a-cooperativa/
nadir@sicoobassis.com.br

Sicoob Metropolitano
Cooperativa de Poupança
Avenida Pedro Taques, 294 - 2ª sobreloja
Maringá/PR
(44) 3032 8000
https://www.sicoobunicoob.com.br/minha-cooperativa/sicoob-metropolitano/a-cooperativa/
controladoria@sicoobmetropolitano.com.br

Sicoob Ouro Verde
Cooperativa de Poupança
Avenida Paraná, 646
Londrina/PR
(43) 3305 0505
www.sicoobunicoob.com.br/minha-cooperativa/sicoob-ouro-verde/a-cooperativa/
diretoria@sicoobnortepr.com.br

Sicoob Sul
Cooperativa de Crédito
Rua XV de Novembro, 631
Curitiba/PR
(41) 3320 2912
www.sicoobunicoob.com.br/minha-cooperativa/sicoob-sul/pontos-de-atendimento/
controladoria@sicoobsul.com.br

Sicoob Três Fronteiras
Cooperativa de Crédito Administrativo
Rua Padre Montoya, 490
Foz do Iguaçu/PR
(45) 3027 8570
www.sicoobunicoob.com.br/minha-cooperativa/sicoob-tres-fronteiras/a-cooperativa/
controladoria@sicoobtresfronteiras.com.br

Sicoob Unicoob Meridional
Cooperativa de Crédito
Avenida José João Muraro, 1587
Toledo/PR
(44) 3125 7000
www.sicoobunicoob.com.br/minha-cooperativa/sicoob-meridional/a-cooperativa/
controladoria@sicooboeste.com.br

Sicoob Vale Sul
Cooperativa de Crédito
Avenida Júlio Assis Cavalheiro, 210
Francisco Beltrão/PR
(46) 3055 9800
www.sicoobunicoob.com.br/minha-cooperativa/sicoob-vale-sul/a-cooperativa/
controladoria@sicoobcresud.com.br

Sicredi Agroempresarial PR
Cooperativa de Crédito de Livre Admissão
Avenida Amazonas, 1472
Mandaguari/PR
(44) 3233 4276
https://www.sicredi.com.br/site/home
Fale conosco: https://www.sicredi.com.br/html/fale-conosco/

Sicredi Aliança PR/SP
Cooperativa de Crédito, Poupança e Investimento
Rua Espírito Santo, 991
Marechal Cândido Rondon/PR
(45) 3284 8573
(45) 3284 8585
https://www.sicredi.com.br/coop/aliancaprsp/sobre-cooperativa/
Fale conosco: https://www.sicredi.com.br/fale-conosco/

Sicredi Campos Gerais PR/SP
Cooperativa de Crédito
Avenida Ernesto Vilela, 1001
Ponta Grossa/PR
(42) 3025 0320
www.sicredi.com.br/coop/camposgerais/
cristina_hass@sicredi.com.br

Sicredi Centro Sul PR/SC
Cooperativa de Crédito
Rua Coronel José Durski, 26
Prudentópolis/SP
(42) 3446 1748
www.sicredi.com.br/coop/centrosulprscrj/sobre-cooperativa/
Fale conosco: https://www.sicredi.com.br/fale-conosco/

Sicredi Credenoreg PR
Cooperativa de Crédito, Poupança e Investimento dos Escrivães, Notários e Registradores do Estado do Paraná
Avenida Cândido de Abreu, 526
Curitiba/PR
(41) 3254 6887
https://sicredicredenoreg.com/
Contato: https://sicredicredenoreg.com/contato/

Sicredi Credjuris PR
Cooperativa de Crédito, Poupança e Investimento
Rua Mateus Leme, 2018
Curitiba/PR
(41) 3252 1799
www.sicredi.com.br/coop/credjuris/
Fale conosco: https://www.sicredi.com.br/fale-conosco/

Sicredi Empreendedores PR
Cooperativa de Crédito nº 752
Rua Anne Frank, 3223
Curitiba/PR
(41) 3336 1895
Sem referência de site
Sem referência de e-mail

Sicredi Fronteiras PR/SC/SP
Cooperativa de Crédito, Poupança e Investimento
Avenida Brasil, 127
Capanema/PR
(46) 3552 1988
www.sicredi.com.br/coop/fronteiras/
Fale conosco: https://www.sicredi.com.br/fale-conosco/

Sicredi Grandes Lagos PR
Cooperativa de Crédito, Poupança e Investimento
Rua Marechal cândido Rondon, 2328
Laranjeiras do Sul/PR
(42) 3635 2264
https://www.sicredi.com.br
Fale conosco: https://www.sicredi.com.br/fale-conosco/

Sicredi Iguaçu PR/SC
Cooperativa de Crédito
Avenida São Francisco, 583
São João/PR
(46) 3533 8400
www.sicredi.com.br/coop/iguacu/
Fale conosco: https://www.sicredi.com.br/fale-conosco/

Sicredi Integração PR/SP
Cooperativa de Crédito, Poupança e Investimento
Avenida Caetano Munhoz da Rocha, 1692
Lapa/PR
(41) 3622 1514
www.sicredisudestepr.com.br
sede@sicredisudestepr.com.br

Sicredi Medicred PR
Cooperativa de Crédito Mútuo
Alameda Princesa Izabel, 1398
Curitiba/PR
(41) 3027 4433
www.medicred.org.br
medicred@medicred.org.br

Sicredi Norte Sul PR/SP
Cooperativa de Crédito, Poupança e Investimento
Rua Wenceslau Braz, 434
Santo Antonio da Platina/PR
(43) 3534 5177
www.sicredi.com.br/coop/norte-sul-prsp/sobre-cooperativa/
Fale conosco: https://www.sicredi.com.br/fale-conosco/

Sicredi Nossa Terra PR/SP
Cooperativa de Crédito, Poupança e Investimento
Praça Brasília, 197
Cafelândia/PR
(45) 3241 8700
www.sicredi.com.br/html/nossa-terra-pr-sp/Sobre/
Fale conosco: https://www.sicredi.com.br/fale-conosco/

Sicredi Novos Horizontes PR/SP
Cooperativa de Crédito
Rua Saladino de Castro, 1415
Arapoti/PR
(43) 3557 6822
www.sicredi.com.br/coop/novos-horizontes-prsp/
jair_oliveira@sicredi.com.br

Sicredi Paranapanema PR/SP
Cooperativa de Crédito, Poupança e Investimento
Rua Monsenhor João Belchior, 780
Cambará/PR
(43) 3532 3653
www.sicredi.com.br/coop/paranapanema/sobre-cooperativa/
Fale conosco: https://www.sicredi.com.br/fale-conosco/

Sicredi Parque das Araucárias PR/SC
Cooperativa de Crédito
Avenida Brasil, 543
Mariópolis/PR
(46) 2101 2000
www.sicredi.com.br/coop/parquedasaraucarias/
Fale conosco: https://www.sicredi.com.br/fale-conosco/

Sicredi Planalto das Águas PR/SP
Cooperativa de Crédito
Rua das Flores, 506
Guarapuava/PR
(42) 3035 9000
www.sicredi.com.br/coop/planalto-das-aguas-pr-sp/
Fale conosco: https://www.sicredi.com.br/fale-conosco/

Sicredi Progresso PR/SP
Cooperativa de Crédito, Poupança e Investimento
Avenida Tiradentes, 986
Toledo/PR
(45) 3378-4241
www.sicredi.com.br/coop/progresso-prsp/
Fale conosco: https://www.sicredi.com.br/fale-conosco/

Sicredi Rio Paraná PR/SP
Cooperativa de Crédito, Poupança e Investimento
Avenida Antonio Ormeneze, 1009
Nova Londrina/PR
(44) 3432-4000
www.sicredi.com.br/coop/rioparana/
Fale conosco: https://www.sicredi.com.br/fale-conosco/

Sicredi União PR/SP
Cooperativa de Crédito
Rua Santos Dumont, 2720
Maringá/PR
(44) 3344 5000
https://sicrediuniao.coop.br/
Fale conosco: https://www.sicredi.com.br/fale-conosco/

Sicredi Vale do Piquiri ABCD PR/SP
Cooperativa de Crédito
Avenida Presidente Kennedy, 2268
Palotina/PR
(44) 3649 7100
www.sicredi.com.br/coop/vale-piquiri/
Fale conosco: https://www.sicredi.com.br/fale-conosco/

Sicredi Valor Sustentável
Cooperativa de Crédito
Praça do Café, 66
Jandaia do Sul/PR
(43) 3432 9400
www.sicredi.com.br/coop/valor-sustentavel-prsp/
Fale conosco: https://www.sicredi.com.br/fale-conosco/

Sicredi Vanguarda PR/SP
Cooperativa de Crédito
Rua Paraguai, 1407
Medianeira/PR
(45) 3240 0700
www.sicredi.com.br/coop/vanguarda/
secretaria@sicredicataratas.com.br

Uniprime Alliance
Cooperativa de Economia
Rua Minas Gerais, 1932
Cascavel/PR
(45) 3220 3600
www.uniprime.com.br
controladoria@uniprime.com.br

Uniprime Central
Central Interestadual
Avenida Higienópolis, 1044
Londrina/PR
(43) 3305 2900
www.uniprime.com.br/singular/central
central@centralinterestadual.coop.br

Uniprime do Iguaçu
Cooperativa de Economia
Avenida Brasil, 910
Pato Branco/PR
(46) 3213 1550
www.uniprime.com.br/singular/iguacu
unicred@unicred-iguacu.com.br

Uniprime Norte do Paraná
Cooperativa de Economia
Avenida Rio de Janeiro, 1758
Londrina/PR
(43) 3294 1900
www.uniprimebr.com.br
unicred@unicred-parana.com.br

Uniprime Pioneira do Paraná
Cooperativa de Economia
Rua Souza Naves, 279
Toledo/PR
(45) 3252 5030
www.uniprime.com.br/singular/pioneira
uniprime@uniprimepioneirapr.com.br

Votorantim
Cooperativa de Economia e Crédito Mútuo dos Funcionários do Grupo Votorantim Ltda.
Avenida Ermírio de Morais, 380
Rio Branco do Sul/PR
(41) 3355 1741
Sem referência de site
delcidim@votoran.com.br

SAÚDE

Comepp
Cooperativa Médica, Hospital Infantil Pequeno Príncipe
Avenida Silva Jardim, 1677
Curitiba/PR
(41) 3222 5262
www.comepp.com.br
administrativo@comepp.com.br

Cooenf PR
Cooperativa de Trabalho e Enfermagem do PR
Avenida República Argentina, 2056 - 7º andar, sl 73
Curitiba/PR
(41) 3085 0630
https://cooenfpr.com.br
comercial@coenfpr.com.br

Coopcardio PR
Cooperativa dos Cirurgiões Cardiovasculares do Estado do Paraná
Rua Lamenha Lins, 266, 24º andar
Curitiba/PR
(41) 3076 8100
http://coopcardiopr.com.br
contato@coopcardiopr.com.br

Coopodonto
Cooperativa de Trabalho Odontológico Especializado
Avenida Presidente Arthur Bernardes da Silva, 2115, sala 9
Curitiba/PR
(41) 9 9989 5159
http://coopodonto.com
coopodonto@coopodonto.com

Copamed
Cooperativa Paranaense de Medicina
Avenida República Argentina, 369, cj. 704
Curitiba/PR
(41) 3014 5242 e Whatsapp comercial: (41) 99243 9864
Sem referência de site
copamed@copamed.med.br

Copami
Cooperativa Paranaense dos Médicos Intensivistas
Rua Câmara Junior, 147
Curitiba/PR
(41) 3203 6467
(41) 9915-1566
Facebook: https://www.facebook.com/Copami-Cooperativa-Paranaense-dos-M%C3%A9dicos-Intensivistas-1901814460054029/
vinicius.tost@gmail.com

Copan
Cooperativa Paranaense dos Anestesiologistas
Rua Itupava, 71
Curitiba/PR
(41) 3054 8251
http://copan.org.br
diretoria@copan.org.br

Copi
Cooperativa de Imaginologistas
Avenida República Argentina, 4283
Curitiba/PR
(41) 3212 5745
Sem referência de site
Sem referência de e-mail

Copinterv
Cooperativa Paranaense dos Cardiologistas Intervencionistas do Paraná
Avenida Presidente Arthur da Silva Bernardes, 2115, sala 10
Curitiba/PR
(41) 3081 0090
http://www.copinterv.com.br
copinterv@gmail.com

Dental Uni
Cooperativa Odontológica
Rua Irmã Flávia Borlet, 197
Curitiba/PR
(41) 3371 1900
www.dentaluni.com.br
diretoria@dentaluni.com.br

Unifisio
Cooperativa dos Fisioterapeutas de Curitiba e Região Metropolitana
Rua Dr. Faivre, 750
Curitiba/PR
(41) 3363 0060
Sem referência de site
Facebook: https://www.facebook.com/UnifisioHomeCare/
unifisio.fisio@gmail.com

Unimed Apucarana
Unimed Apucarana Cooperativa de Trabalho Médico
Rua Desembargador Clotário Portugal, 927
Apucarana/PR
(43) 3420 8500
www.unimed.coop.br/web/apucarana
relacionamento@unimedapucarana.coop.br

Unimed Cascavel
Unimed Cascavel Cooperativa de Trabalho Médico
Rua Barão do Cerro Azul, 594
Cascavel/PR
(45) 3220 7000
https://servicos.unimedcascavel.coop.br
secretaria@unimedcascavel.coop.br

Unimed Cianorte
Unimed Cianorte Cooperativa de Trabalho Médico
Avenida Mato Grosso, 1335
Cianorte/PR
(44) 3351 2600
www.unimed.coop.br/web/cianorte
jusineth@unimedcianorte.coop.br

Unimed Costa Oeste
Unimed Costa Oeste Cooperativa de Trabalho Médico
Rua Santos Dumont, 2705
Toledo/PR
(45) 3277 8000
www.unimed.coop.br/web/costaoeste
secretaria@unimedcostaoeste.com.br

Unimed Curitiba
Sociedade Cooperativa de Médicos

Rua Affonso Penna, 297
Curitiba/PR
(41) 3019 2000
www.unimedcuritiba.com.br
curitiba@unimedcuritiba.com.br

Unimed de Londrina
Unimed de Londrina Cooperativa de Trabalho
Rua Ayrton Senna da Silva, 1065
Londrina/PR
(43) 3375 6161
www.unimedlondrina.com.br
contabil@unimedlondrina.com.br

Unimed Foz do Iguaçu
Unimed Foz do Iguaçu Cooperativa de Trabalho Médico
Rua Belarmino de Mendonça, 162
Foz do Iguaçu/PR
(45) 2102 7610
www.unimed.coop.br/site/web/fozdoiguacu
diretoria@unimedfoz.com.br

Unimed Francisco Beltrão
Unimed Francisco Beltrão Cooperativa de Trabalho Médico
Avenida Júlio Assis Cavalheiro, 1171
Francisco Beltrão/PR
(46) 3520 5834
www.unimed.coop.br/franciscobeltrao
secretaria@unimedfb.coop.br

Unimed Guarapuava
Unimed Guarapuava Cooperativa de Trabalho Médico
Rua Capitão Rocha,
Guarapuava/PR
(42) 3621 7500
www.unimedguarapuava.coop.br
guarapuava@unimedpr.com.br

Unimed Noroeste do Paraná
Unimed Noroeste do Paraná Cooperativa de Trabalho Médico
Rua Jussara, 3691
Umuarama/PR
(44) 3623 3883
www.unimed.coop.br/web/parana
umuarama@unimedpr.com.br

Unimed Norte do Paraná
Unimed Norte do Paraná Cooperativa Regional
Rua Paraíba, 321
Cornélio Procópio/PR
(43) 3520 3000
www.unimed.coop.br/web/nortedoparana
contabilidade@unimednp.com.br

Unimed Norte Pioneiro
Unimed Norte Pioneiro Cooperativa de Trabalho
Rua dos Expedicionários, 337
Jacarezinho/PR
(43) 3511 2000
www.unimed.coop.br/nortepioneiro
unimed@unimednortepioneiro.com.br

Unimed Oeste do Paraná
Unimed Oeste do Paraná Cooperativa de Trabalho
Rua Minas Gerais, 2376
Medianeira/PR
(45) 3240 8200
www.unimed.coop.br/web/oestedoparana/unimed
medianeira@unimedpr.com.br

Unimed Paraná
Unimed Federação do Estado do Paraná
Rua Antonio Camilo, 283
Curitiba/PR
(41) 3219 1500
www.unimed.coop.br/site/web/parana
parana@unimedpr.com.br

Unimed Paranaguá
Unimed Paranaguá Cooperativa de Trabalho Médico
Rua João Eugênio, 677
Paranaguá/PR
(41) 3420 7000
www.unimed.coop.br/site/web/paranagua
secretaria@unimedparanagua.com.br

Unimed Paranavaí
Unimed Paranavaí Cooperativa de Trabalho Médico
Rua Antônio Felipe, 1545
Paranavaí/PR
(44) 3421 1100
www.unimed.coop.br/web/paranavai
secretaria@unimedpvai.coop.br

Unimed Pato Branco
Unimed Pato Branco Cooperativa de Trabalho Médico
Rua Tamoio, 253
Pato Branco/PR
(46) 2101 3000
www.unimed.coop.br/web/patobranco
sandra@unimedpbco.com.br

Unimed Ponta Grossa
Unimed Ponta Grossa Cooperativa de Trabalho Médico
Rua Santos Dumont, 1036
Ponta Grossa/PR
(42) 3220 7000
www.unimed.coop.br/web/pontagrossa/unimed
secretaria@unimedpg.com.br

Unimed Regional de Campo Mourão
Unimed Regional de Campo Mourão Cooperativa de Trabalho Médico
Avenida José Custódio de Oliveira, 1385
Campo Mourão/PR
(44) 3518 7000
www.unimed.coop.br/web/campomourao
marlene@unimedcampomourao.com.br

Unimed Regional Maringá
Unimed Regional de Maringá Cooperativa de Trabalho Médico
Avenida Bento Munhoz da Rocha Netto, 750
Maringá/PR
(44) 3221 7938
www.unimed.coop.br/web/maringa
unimed@unimedmaringa.com.br

Unimed Vale do Piquiri
Unimed Vale do Piquiri Cooperativa de Trabalho Médico
Rua Ipiranga, 962
Palotina/PR
(44) 3649 5251
www.unimed.coop.br/web/valedopiquiri
palotina@unimedpr.com.br

Uniodonto Curitiba
Cooperativa Odontológica
Rua Padre Anchieta, 2348, sala 1103
Curitiba/PR
(41) 3019 2200
www.uniodontocuritiba.coop.br
uniodontocuritiba@uniodonto.com.br

Uniodonto Londrina
Cooperativa Odontológica
Rua Raposo Tavares, 554
Londrina/PR
(43) 3321 4140
https://uniodontolondrina.coop.br/
diretoria@uniodontolondrina.com.br

Uniodonto Maringá
Cooperativa Odontológica
Avenida Papa João XXIII, 513
Maringá/PR
(44) 3227 1150
https://uniodontomaringa.com.br
diretoria@uniodontomaringa.com.br

Uniodonto Paraná
Federação Estadual das Cooperativas
Rua Raposo Tavares, 554
Londrina/PR
(41) 3371 1900
www.uniodonto.coop.br
uniodontoparana@uniodontoparana.com.br

Uniodonto Ponta Grossa
Uniodonto Ponta Grossa Cooperativa de Trabalho
Rua Barão do Cerro Azul, 218
Ponta Grossa/PR
(42) 3219 9050
https://uniodontopg.com.br
financeiro@uniodontopg.com.br

TRANSPORTE

Aerotaxi
Aerotaxi Cooperativa de Transporte
Rua Germano Schlogel, 726
São José dos Pinhais/PR
(41) 3282 9999
http://cooperativaaerotaxi.com.br
presidente@cooperativaaerotaxi.com.br

Cargas e Anexos
Cooperativa de Transportes de Cargas e Anexos
Avenida Coronel José Lobo, 1711
Paranaguá/PR
(41) 3420 5400
www.coopanexos.com.br
diretoria@coopanexos.com.br

CCAA - Cooperativa dos Caminhoneiros
Cooperativa dos Caminhoneiros Autônomos de Arapongas
Rua Rouxinol do Rio Negro, 02
Arapongas/PR
(43) 3275 7628, (43) 3055-3800, (43) 3252-3244
Sem referência de site
Sem referência de e-mail

Coocanorpi
Cooperativa dos Caminhoneiros Autônomos do Norte Pioneiros
Rodovia BR-153, km 43,1 s/n
Santo Antonio da Platina/PR
(43) 3551 1185, (43) 3534-2651, (43) 3534-4259
Sem referência de site
Sem referência de e-mail

Cooper-Araucária
Cooperativa de Transportes de Cargas, Bens, Logísticas e Serviços de Araucária
Rua João Muryn, s/n
Araucária/PR
(41) 3643 1078, (41) 3642-2936
Sem referência de site
Sem referência de e-mail

Coopercaf
Cooperativa de Transportes Rodoviários de Cafelândia
Rua Intes Dolar Fontana, 50
Cafelândia/PR
(45) 3241 1710
www.coopercaf.com.br
diretoria@coopercaf.com.br

Cooperfax
Cooperativa de Transporte Rodoviário de Faxinal
Rua 7 de Setembro, 661
Faxinal/PR
(43) 3641 3537
https://cooperfax.coop.br/
cooperfax@hotmail.com

Cooperleste
Cooperativa dos Transportes de Carga do Suleste Paranaense
Rodovia PR 281, km 32, 1230
Piên/PR
(41) 3632 1294
www.cooperleste.com.br
wilson@cooperleste.com.br

Cooperlog
Cooperativa de Transportes e Logística de São José dos Pinhais
Rua Miguel Foggiatto Sobrinho, 84
São José dos Pinhais/PR
(41) 2109 6369
Sem referência de site
geradm@cooperlog.com.br

Cooperlogfoz
Cooperativa de Transporte e Logística de Foz do Iguaçu
Rua da República, 269
Foz do Iguaçu/PR
(45) 99854 9222
Sem referência de site
cooperlogfoz@outlook.com

Coopermap
Cooperativa de Transportes Rodoviários de Maripá
Rua Garibaldi, 704
Maripá/PR
(44) 3687 1992
Sem referência de site
exato@maripanet.com.br

Coopermar
Cooperativa Logística e Desenvolvimento do Transporte de Marmeleiro - Coopermar
Rua Luiz Antônio Faedo, 2030
Francisco Beltrão/PR
(46) 3524 3203
(46) 3524-0236
Sem referência de site
Sem referência de e-mail

Coopertaxi Cataratas
Cooperativa dos Taxistas de Foz do Iguaçu
Rua Dr. Dirceu Lopes, 130
Foz do Iguaçu/PR
(45) 3524 6464
http://coopertaxicataratas.com.br/pt-br/
coopertaxicataratas@gmail.com

Coopertrac Castro
Cooperativa dos Autônomos de Castro
Avenida Vicente Fiorillo, 100
Castro/PR
(42) 99111 7006
Sem referência de site
coopertraccastro@gmail.com

Coopertracvel
Cooperativa de Transportes Rodoviários Autônomos de Cascavel
Avenida Rocha Pombo, 364
Cascavel/PR
(45) 3037 4874
Sem referência de site
coopertraccascavel@gmail.com

Coopertram
Cooperativa de Transporte de Cargas de Mallet
Avenida Barão do Rio Branco, 2116
Mallet/PR
(41) 3632 1388
(42) 99989 1136
Sem referência de site
orçando@lieblcontabil.com.br

Coopertrapg
Rua Paulo Wagner, 394
Ponta Grossa/PR
(42) 9819 0000
(42) 9911 2175
Sem referência de site
coopertrapg@gmail.com

Coopitran
Cooperativa dos Transportes Rodoviários de Pitanga
Rua Paraná, 466
Pitanga/PR
(42) 3646 4992
Sem referência de site
coopitran@gmail.com

Cootramil
Cooperativa dos Transportes Rodoviários de Londrina
Avenida Brasília, 7450
Londrina/PR
(43) 3336 0009
www.cootramil.com.br
cootramil@cootramil.com.br

Cootrapar
Cooperativa dos Transportes Rodoviários Autônomos de Rolândia
Avenida Ailton Rodrigues Alves, 1196A
Rolândia/PR
(43) 3256 8779
Sem referência de site
angelo@cootrapar.com.br

Coottrafoz
Cooperativa de Transporte e Turismo Alternativo de Foz do Iguaçu
Rua Vereador Moacir Pereira, 422
Foz do Iguaçu/PR
(45) 3523 5525
www.cotrafoz.com.br
contato@cotrafoz.com.br

Coptrans
Cooperativa de Transportes 14 de Dezembro
Avenida Cristo Rei, 90
Francisco Beltrão/PR
(46) 3524 0435
www.coptrans.com.br
bortot@coptrans.com.br

Cotrag
Cooperativa dos Transportadores Autônomos de Guarapuava
Rua Alcindo de Matos, 243
Guarapuava/PR
(42) 3624 1121
Sem referência de site
cotrag@convoy.com.br

Cotramário
Cooperativa dos Transportadores Autônomos de Mariópolis
Rua Onze, 1074
Mariópolis/PR
(46) 3226 1906
www.cotramario.com.br
itelvino@cotramario.com.br

Cotranauta
Cooperativa dos Transportes Náuticos Autônomos da Ilha do Mel
Rua Principal, 146
Paranaguá/PR
(41) 3422 7696
Sem referência de site
cotranauta@bol.com.br

Cotranspel
Cooperativa de Transportes de Cargas de Quedas do Iguaçu
Rodovia PR 473, km 42, s/n
Quedas do Iguaçu/PR
(46) 3532 4299
Sem referência de site
cotranspel@gmail.com

Cotransul
Cooperativa de Transportes Rodoviários
Rodovia PR 281, km 01, s/n
São João/PR
(46) 3533 1354
www.cotransul.com.br
cotransul@cotransul.com.br

Cotrelena
Cooperativa dos Transportadores Autônomos de Santa Helena
Avenida Brasil, 1161
Santa Helena/PR
(45) 3268 2537
Sem referência de site
cotrelenash@hotmail.com

Cotroledo
Cooperativa dos Transportadores Autônomos de Toledo
Avenida Maripá, 425
Toledo/PR
(45) 3277 0731
Sem referência de site
cotroledo@certto.com.br

CTA
Cooperativa de Transporte de Astorga
Rua Marginal, 751
Astorga/PR
(44) 3234 3165
Sem referência de site
cootrast@uol.com.br

Dovicarga
Cooperativa Duovizinhense de Transportes
Avenida Salgado Filho, 727
Dois Vizinhos/PR
(46) 3536 2825 dovicarga@hotmaill.com

Ga Log
Rodovia Astorga, Jaguarapita, s/n
Astorga/PR
(44) 3234 7575
(44) 99869 6800
Sem referência de site galog.transportes@hotmail.com

Imbi Log
Cooperativa de Transportadores de Imbituva
Avenida Centenário, 580
Imbituva/PR
(42) 99966 8980
Sem referência de site
imbiloglogistica@gmail.com

Rodocoop
Cooperativa de Transportes e Serviços Rodoviários
Rua XV de Novembro, 56
Mandaguari/PR
(44) 3233 0373
www.rodocoop.com.br
gerencia@rodocoop.com.br

Transcooper
Cooperativa de Transportes Bom Retiro
Rodovia PR 493, km 04, 4300
Pato Branco/PR
(46) 3220 2001
Sem referência de site
marelo@coopertradicao.com.br

Trascoopercam
Cooperativa dos Caminhoneiros de Foz do Iguaçu e Região
Avenida Olímpio Rafagnin, 2571
Foz do Iguaçu/PR
(45) 3029 4230
Sem referência de site
trascoopercam@hotmail.com

INFRAESTRUTURA

Argon Energia
Argon Cooperativa de Energia
Rua Dr. Maciel Pedro, 365, 8º andar
Curitiba/PR
(41) 3533 5910
https://argon-energia.com
comercial@argon-energia.com

Ceral
Cooperativa de Infraestrutura de Arapoti
Rua Saladino de Castro, 1395
Arapoti/PR
(43) 3557 1177
www.ceral.com.br
ceral@ceral.com.br

Ceral-DIS
Cooperativa de Distribuição de Energia de Arapoti
Rua Saladino de Castro, 258
Arapoti/PR
(43) 3557 1177
www.ceral.com.br
ceraldis@ceral.com.br

Cercar
Cooperativa de Eletrificação e Desenvolvimento Econômico de Marechal Cândido Rondon
Rua 7 de Setembro, 946
Marechal Cândido Rondon/PR
(45) 3284 4100
www.cercar.com.br
cercar@cercar.com.br

Cercho
Cooperativa de Eletrificação Rural de Chopinzinho
Avenida XV de Novembro, 877
Chopinzinho/PR
(46) 3242 1130
Sem referência de site
cercho@uol.com.br

Cerme
Cerme Cooperativa Mista
Rua Argentina, 998
Medianeira/PR
(45) 3264 1248
Sem referência de site
cerme@certto.com.br

Cerpa
Cooperativa de Infraestrutura e Eletrificação Rural de Palotina
Rua 7 de Setembro, 1161
Palotina/PR
(44) 3649 7250
Facebook: https://www.facebook.com/CerpaPalotina/about/?ref=page_internal
www.cerpa.net.br
jaime@cerpa.net.br

Cerwit
Cooperativa de Eletrificação Witmarsum
Avenida Presidente Ernesto Geisel, s/n
Palmeira/PR
(42) 3254 4000
www.witmarsum.coop.br
ewald@witmarsum.coop.br

Coohabivel
Cooperativa Habitacional Independente de Cascavel
Rua Salgado Filho, 2653
Cascavel/PR
(45) 3038 7785
Sem referência de site
cohamic@hotmail.com

Coohacol
Cooperativa Habitacional Colinas Cascavel
Rua Presidente Bernardes, 1883
Cascavel/PR
(45) 3222 2290
Sem referência de site
coohacol@gmail.com

Cogecom
Cooperativa de Geração Compartilhada de Energia Elétrica
Rodovia PR 151, 5631
Carambeí/PR
(41) 3017 0016
https://cogecom.com.br
sac@cogecom.com.br

Cooperoeste
Cooperativa Oeste das Energias Renováveis
Rua Visconde do Rio Branco, 1651
Cascavel/PR
(45) 99931 6918
www.cooperoesteenergia.com.br
contato@cooperoesteenergia.com.br

Eletrorural
Cooperativa de Eletrificação Rural Castrolanda
Rua das Flores, 382
Castro/PR
(42) 3234 1134
www.eletrorural.com.br
eletrorural@eletrorural.com.br

Fecoerpa
Federação das Cooperativas de Eletrificação Rural do Paraná
Rua 7 de Setembro, 1161
Palotina/PR
(44) 3649 7250, (44) 3649 5255
Sem referência de site
jaime@cerpa.net.bt

Sinergi
Sinergi Cooperativa de Geração Distribuída
Avenida Monteiro Lobato, 1214
Maringá/PR
(44) 3030 1799
www.sinergicooperativa.com.br
presidente@sinergicooperativa.com.br

CONSUMO

Colégio Cooperativa
Cooperativa Educacional da Lapa
Avenida Aloísio Leoni, s/n
Lapa/PR
(41) 3622 2313
Sem referência de site
colegiocooperativa@ig.com.br

Coopercont
Cooperativa de Soluções Inovadoras
Rua Lysimaco Ferreira da Costa, 638
Curitiba/PR
(41) 3408 4020
www.coopercont.com.br
michel.melhem@melhemadvogados.com

Coopermundi
Cooperativa de Educação e Cultura Regina Mundi
Rua Presidente Costa e Silva, 465
Dois Vizinhos/PR
(46) 3536 1633
www.coopermundi.com.br
financeirocooper@gmail.com

Cotrasul
Cooperativa de Consumo de Trabalhadores da Sudcoop
Rua Bahia, s/n
Medianeira/PR
(45) 3264 8028
Sem referência de site
inacio@frimesa.com.br

TRABALHO, PRODUÇÃO DE BENS E SERVIÇOS

Biolabore
Cooperativa de Trabalho e Assistência Técnica do Paraná
Rodovia PR 488, km 63, Linha Novo Paraíso, s/n
Santa Helena/PR
(45) 3268 3258
http://biolabore.org/site/
biolabore@gmail.com

Ceilin
Cooperativa de Educadores e Instrutores de Línguas de Curitiba
Avenida Cândido Abreu, 140
Curitiba/PR
(41) 3022 0977
Sem referência de site
Facebook: https://www.facebook.com/ceilincoop/
Ceilin_ctba@yahoo.com.br

Cooperacom
Cooperativa de Desenvolvimento e Comunicação
Rua Pará, 875
Curitiba/PR
(41) 99929 3130
http://www.cooperacom.coop.br
contato@cooperacom.com.br

Cooperactiva
Cooperativa de Trabalho dos Consultores Bancários e Ex-bancários de Curitiba
Rua Casemiro José Sikorslki, 314
Curitiba/PR
(41) 3279 1644
Sem referência de site
patriziamuniz@hotmail.com

Cooperadi
Cooperativa de Trabalho de Profissionais em Radiologia do Paraná
Avenida Winston Churchill, 156
Curitiba/PR
(41) 3347 2597
Sem referência de site
cooperad@terra.com.br

Coopermais
Cooperativa de Trabalho de Assistência Técnica e Extensão Rural
Rua Jorge Ferreira, 407
Francisco Alves/PR
(44) 3643 1169
www.coopermaiscooperativa.com/a-cooperativa
coopermais@outlook.com

Cooptur
Cooperativa Paranaense de Turismo
Avenida dos Pioneiros, 4050
Carambeí/PR
(42) 3231 2241
www.cooptur.coop.br
marciom@cooptur.br

Intercoop
Cooperativa Interdisciplinar de Serviços Técnicos
Rua Marechal Deodoro, 235
Curitiba/PR
(41) 3232 8029
Sem referência de site
office@intercoop.com.br

Macuco
Maringá Cultural Cooperativismo
Rua Natal, 247
Maringá/PR
(44) 99994 0923
Facebook: https://www.facebook.com/macucocoop
sec.macuco@gmail.com

Pluricoop
Cooperativa de Trabalhos de Executivos em Gestão e Treinamentos
Rua Víctor Meirelles, 45
Maringá/PR
(44) 3221 3651
www.pluricoop.com.br
Facebook: https://www.facebook.com/pluricoop/
contato@pluricoop.com.br

Ticoop Brasil
Rua Francisco Busato, 8000
Colombo/PR
(41) 9 9236 1255
superintendencia@ticoopbrasil.coop.br

Unicampo
Cooperativa de Trabalho dos Profissionais de Agronomia
Rua Carneiro Leitão, 65
Maringá/PR
(44) 4009-3800
www.unicampo.coop.br/portal
unicampo@unicampo.coop.br

REFERÊNCIAS

UM SÉCULO E MEIO DE HISTÓRIA

BIALOSKORSKI NETO, Sigismundo. *Agribusiness cooperativo:* economia, crescimento e estrutura de capital. 1998. 257 f. Tese (Doutorado em Ciências Agrárias) - Escola Superior de Agricultura "Luiz de Queiroz", Universidade de São Paulo, Piracicaba, 1998.

BRASIL. Lei nº 5.764, de 16 de dezembro de 1971. Define a Política Nacional de Cooperativismo, institui o regime jurídico das sociedades cooperativas, e dá outras providências. *Diário Oficial [da] República Federativa do Brasil*, Poder Executivo, Brasília, DF, 16 dez. 1971. Disponível em: http://www.planalto.gov.br/ccivil_03/leis/l5764.htm. Acesso em: 11 fev. 2021.

COOPERCAF. Histórico. Disponível em: https://www.coopercaf.com.br/historico/. Acesso em: 14 jan. 2021.

COOPTUR. Sobre a Cooptur. Disponível em: http://www.cooptur.coop.br/sobre-a-cooperativa/. Acesso em: 14 jan. 2021.

GAWLAK, A.; RATZKE, F.A. *Cooperativismo:* primeiras lições. Brasília: Sescoop, 2004.

HOLYOAKE, George Jacob. *The history of co-operation in England:* its literature and its advocates. London: Trübner & Co, 1875.

JUVÊNCIO, F.C.; ANDRADE, G.V.; PANZUTTI, R. *Cooperativismo ao alcance de todos*. São Paulo: Ocesp, 2000. 120 p. (Coleção Orientação 1/2000).

MARRA, Adriana Ventola. *Organização do Sistema Cooperativista.* E-Tec Brasil - Associativismo e Cooperativismo, Aula 6 - p. 99 a 111.

PADILHA, Wilian. *Capital financeiro e cooperativismo agropecuário na Região Sul.* Tese (Doutorado em Geografia) - Universidade Federal de Santa Catarina. Florianópolis, 2019. 459p.

PINHO, Diva Benevides. *O cooperativismo no Brasil:* da vertente pioneira à vertente solidária. São Paulo: Saraiva, 2003. p. 357.

ROCHDALE PIONEERS MUSEUM. Our Story. Rochdale/UK, 2012.

SETTI, Eloy Olindo. *Cooperativismo paranaense* - Ocepar: 40 Anos Construindo o Futuro. Curitiba/PR: Sistema Ocepar, 2011, 360p.

SISTEMA OCB. *Anuário do Cooperativismo Brasileiro 2020.* CNCOOP, OCB, Sescoop. Brasília/DF, 2020.

______. Revista Saber Cooperar. Ed. especial - 45 anos OCB. Brasília, DF, 2014. Disponível em: https://issuu.com/informecomunicacao/docs/revista_especial_cooperativas_final. Acesso em: 21 dez. 2020.

______ Relatório de Atividades e Prestação de Contas Exercício Social 2019. Plano de Ação para Exercício Social 2020. Ocepar - Sindicato e Organização das Cooperativas do Estado do Paraná (Ocepar), Serviço Nacional de Aprendizagem do Cooperativismo (Sescoop/PR) e Federação e Organização das Cooperativas do Estado do Paraná (Fecoopar). Curitiba/PR, 2020.

______. Relatório de Atividades e Prestação de Contas Exercício Social 2020. Plano de Ação para Exercício Social 2021. Ocepar, Sescoop/PR e Fecoopar. Curitiba, PR, 2021.

______. Somos Coop. Brasília/DF, 2019.

UNIMED PARANÁ. Disponível em: https://www.unimed.coop.br/site/web/parana. Acesso em: 14 jan. 2021.

UM OLHAR ATENTO PARA O DESENVOLVIMENTO DO PARANÁ

KOSLOVSKI, João Paulo. *Cooperativismo paranaense* - experiências, resultados e propostas. Curitiba: Sistema Ocepar, 2018, pp. 71,72 e 73.

A CONTRIBUIÇÃO DOS IMIGRANTES

MILLÉO FILHO, Samuel Z. Sindileite *Paraná* - 87 anos de história na defesa dos interesses do setor leiteiro paranaense (1932/2019). Curitiba: Sindileite, 2019.

A FORÇA ECONÔMICA DAS COOPERATIVAS

AGRÁRIA. Acervo. Disponível em: www.agraria.com.br.

APROSOJA. A origem do grão. Associação do Produtores de Soja e Milho do Estado do Paraná. 2020. Disponível em: https://aprosojapr.com.br/asoja/#:~:text=O%20gr%C3%A3o%20come%C3%A7a%20a%20ser,primeiros%20cultivares%2C%20at%C3%A9%201975. Acesso em: 21 out. 2021.

CASTROLANDA. Acervo. Disponível em: www.castrolanda.coop.br.

COAMO. Nossa história. Coamo Agroindustrial Cooperativa, 2020. Disponível em: http://www.coamo.com.br/site/institucional/nossahistoria. Acesso em: 02 nov. 2020.

COCAMAR. Acervo. Disponível em: www.cocamar.com.br.

COOPAVEL. Acervo. Disponível em: https://coopavel.com.br.

COOPERATIVA BOM JESUS. Acervo. Disponível em: www.bj.coop.br.

COPACOL. Acervo. Disponível em: www.copacol.com.br.

COTRIGUAÇU. Acervo. Disponível em: www.cotriguacu.com.br.

DEBRET, Jean Baptiste. *Retour, a la ville, d'un propriétaire de chacra. Litière pour voyager dans l'interieur* (Regresso à cidade de um proprietário de chácara. Liteira para viajar pelo interior). Litografia pb. 1835. In: BIBLIOTECA BRASILIANA GUITA E JOSÉ MINDLIN. Acervo Digital Imagens. Disponível em: https://digital.bbm.usp.br/handle/bbm/3702. Acesso em: 05 abr. 2021.

EMBRAPA. Trigo. 2020. Disponível em: https://www.embrapa.br/soja/cultivos/trigo1#: Acesso em: 18 out. 2021.

FRIMESA. Acervo. Disponível em: www.frimesa.com.br.

FUNDAÇÃO ABC. Acervo. Disponível em: https://fundacaoabc.org/.

INFORME PARANÁ COOPERATIVO. Disponível em: http://www.paranacooperativo.coop.br. Acesso em: 05 abr. 2021.

______. Monitoramento: faturamento das cooperativas agropecuárias do PR cresce 36,7% e supera os R$100 bilhões em 2020. Sistema Ocepar, 26/03/2021. Disponível em: http://www.paranacooperativo.coop.br/ppc/index.php/sistema-ocepar/comunicacao/2011-12-07-11-06-29/ultimas-noticias/133508-monitoramento-faturamento-dascooperativas-agropecuarias-do-pr-cresce-367-e-supera-osr-100-bilhoes-em-2020. Acesso em: 05 abr. 2021.

MATIHAS, Herculano Gomes; PIAZZA, Walter; THOMÉ, Nilson. *Contestado*. Rio de Janeiro: Índex, 1987.

MUSEU DE PALMEIRA – DOUTOR ASTROGILDO DE FREITAS. Acervo. Museus.br, 2020. Disponível em: http://museus.cultura.gov.br/espaco/9319/.

VASQUEZ, Pedro Karp. *Ferrovia e fotografia no Brasil da Primeira República*. São Paulo: Metalivros, 2008.

CAPILARES DO SISTEMA FINANCEIRO NACIONAL

CREDICOAMO. Quem somos. Disponível em: http://www.credicoamo.com.br/site/credicoamo/quem-somos#quemsomos. Acesso em: 3 abr. 2021.

______. Nossa história. Disponível em: http://www.credicoamo.com.br/site/credicoamo/nossahistoria#nossa-historia. Acesso em: 3 abr. 2021.

CRESOL. Conheça a Cresol. Disponível em: https://cresol.com.br/institucional/?gclid=. Acesso em: 3 abr. 2021.

DUPRÉ, Allen A. *Credicitrus* – um exemplo da força do cooperativismo de crédito. Bebedouro/SP: Credicitrus, 2005. 212p.

GARCIA, Larissa. Clientes de cooperativas deixaram de pagar R$ 8,3 bilhões em custos bancários em 2020. *Folha de S. Paulo*. Folhainvest, 26/04/2021. Disponível em: https://www1.folha.uol.com.br/mercado/2021/04/clientes-de-cooperativas-deixaram-de-pagar-r-83-bilhoes-em-custos-bancarios-em-2020.shtml. Acesso em: 26 abr. 2021.

INFORME PARANÁ COOPERATIVO. Visita: Presidente Koslovski destaca crescimento consistente do Sicredi. Sistema Ocepar, 04/12/2015. Disponível em: http://www.paranacooperativo.coop.br/ppc/index.php/sistema-ocepar/comunicacao/2011-12-07-11-06-29/ultimasnoticias/106590-visita-presidente-koslovskidestaca-crescimentoconsistente-do-sicredi. Acesso em: 12 set. 2021.

MAGALHÃES, Maria Henriqueta. *Cem anos de cooperativismo no Estado de São Paulo*. ICA/Secretaria de Agricultura e Abastecimento do Estado de São Paulo. São Paulo/SP: ICA, 1991. 224 p.

BANCO CENTRAL DO BRASIL. Panorama do Sistema Nacional de Crédito Cooperativo. Disponível em: https://www.bcb.gov.br/content/estabilidadefinanceira/coopcredpanorama/panorama_cooperativas_sncc_2019.pdf. Acesso em: 3 abr. 2021.

SETTI, Eloy Olindo. *Cooperativismo paranaense* – Ocepar: 40 Anos Construindo o Futuro. Curitiba/PR: Sistema Ocepar, 2011, 360p.

SICOOB PARANÁ. Disponível em: https://www.sicoobunicoob.com.br/. Acesso em: 4 abr. 2021. Uniprime. Histórico. Disponível em: https://www.uniprime.com.br/singular/central/p/historico#:~:text=Desde%2030%20de%20setembro%20de,Santa%20Catarina%20e%20Mato%20Grosso. Acesso em: 8 abr. 2021.

A SUSTENTABILIDADE NA PRODUÇÃO COOPERATIVA PARANAENSE

COAMO. Correção foi um trabalho pioneiro da Coamo. *Tecnologia*, ed. abril 2021. Disponível em: https://www.yumpu.com/pt/document/read/65575654/revista-coamoedicao-abril-de-2021. Acesso em: 02 mai. 2021, p. 16.

ALCANCE SOCIAL NO DNA DE UM MODELO

GECOOP/MONITORAMENTO/SESCOOP. Sobras das cooperativas do Paraná. 2020. Disponível em: http://www.paranacooperativo.coop.br/PPC/index.php/sistemaocepar/comunicacao/2011-12-07-11-06-29/ultimasnoticias/133597-monitoramento-cenario-consolidadorevela-que-o-faturamento-do-cooperativismo-paranaensecresceu-321-em-2020. Acesso em: 8 abr. 2021.

AGRADECIMENTOS

Agradecemos a todos os que colaboraram para a realização deste livro, em especial:

A Granja (Eduardo Hoffmann e Leandro M. Mittmann)

APAE-Maringá (Cacilda Veronesi dos Santos)

Assessorias de Comunicação das Cooperativas/PR

Associação Cultural e Esportiva de Apucarana (Keniti Ishida, Marlene Ribeiro e Satio Kayukawa)

Associação Cultural e Esportiva de Castro

Blog do Ralph (mapas das ferrovias)

Brenno Leonardo Boot

Centro Cultural Castrolanda (Rafael Rabbers)

Cooptur (Aluana Siqueira)

Coordenação de Comunicação do Sistema Ocepar

Diretorias de Marketing e Deptos. Econômicos das Cooperativas/PR

Felipe Camelo (consultor de cooperativismo financeiro)

Fundação ABC

Fundação Cultural Suábio Brasileira

Gerência de Desenvolvimento Econômico do Sescoop/PR

Gerência de Desenvolvimento Técnico da Ocepar

Grupo Folclórico Holandês da Castrolanda

Grupo Folclórico Vesselka de Prudentópolis

Instituto Cristão de Castro

Melanie van der Vinne

Museu Cocamar

Museu de Palmeira (Paulo Henrique Taufer)

Museu Histórico de Entre Rios (Josiane Richter e Roberto Essert)

Museu Histórico Witmarsum

Natureza Brasileira (Zig Koch)

Parque Histórico de Carambeí

Pulsar Imagens (Laura del Mar Lourenço, Delfim Martins e Zuleika Bagnoli)

Rochdale Pioneers Museum (Liz McIvor, Co-operative Heritage Trust)

Sescoop/OCB (Aurelio Prado e Daniela Lemke)

Sicredi Pioneira/RS

Silvio Giusti (consultor da DGRV)

Universidade de Coimbra (Marie Bartz)

Wilhan Santin

CRÉDITOS FOTOGRÁFICOS

Todos os esforços foram realizados para conseguir as autorizações dos autores das imagens reproduzidas neste livro. Entretanto não foi possível obter algumas informações que nos levassem a encontrar todos os titulares. Nesses poucos casos, informamos que os direitos foram reservados para os mesmos.

Acervo Agrária: pp. 136-137, 164, 198

Acervo Associação Cultural Esportiva Apucarana/ACEA: pp. 83, 84-85, 87

Acervo Capal: pp. 33, 67, 165

Acervo Centro Cultural Castrolanda: pp. 56, 57, 68 (ambas), 69, 70, 70-71, 97, 130-131, 182 (abaixo)

Acervo Ceral: p. 32

Acervo Coamo: pp. 114 (abaixo), 115, 166, 170, 171, 172, 173, 174-175, 183, 191, 193 (acima), 206, 221

Acervo Cocamar: pp. 94-95, 102, 108, 110, 114 (acima), 124, 132-133, 144, 145, 149, 156, 177 (abaixo), 217

Acervo Coopavel: pp. 129, 189

Acervo Cooperativa Bom Jesus: p. 126

Acervo Coopercaf/O Novo Oeste: p. 31

Acervo Cooptur: p. 35

Acervo Copacol: pp. 134-135, 180, 181, 188, 193 (abaixo)

Acervo Cotriguaçu: p. 127

Acervo Cresol: pp. 184-185, 186, 187, 216

Acervo Editora Index, livro Contestado, 1987: pp. 58, 100

Acervo Editora Metalivros, livro Ferrovia e Fotografia, 2002, p. 96 (abaixo à direita)

Acervo EFSPRG: p. 59 (acima)

Acervo Embrapa Agrosilvipastoril: p. 177 (acima)

Acervo Frimesa: pp. 36, 122-123, 125, 194, 195, 218

Acervo Frisia: p. 61

Acervo Fundação Cultural Suábio-Brasileira: p. 72

Acervo Integrada: p. 190

Acervo Jornal Cocamar: p. 176 (ambas)

Acervo Lar: p. 182 (acima)

Acervo OCB: pp. 23, 24, 27, 40

Acervo Ocepar: pp. 41, 42, 44, 45, 46, 49 (ambas), 50 (ambas), 51 (ambas), 52 (à esquerda), 60, 77, 200-201, 204, 208, 210-211, 213, 214-215

Acervo Parque Histórico Carambeí, p. 65 (acima)

Acervo Sicoob: p. 219, 220-221

Acervo Sicredi Porto Alegre: p. 150

Acervo Unicastro: p. 86 (ambas)

Acervo Uniodonto Curitiba: p. 30

Acervo Uniprime: p. 212

Antonio Fabiano Alves Pires/Acervo Fundação ABC: pp. 120-121

Blog Ralph: p. 66 (abaixo à direita)

Celso Margraf/Acervo Febrapdp: p. 169

Eduardo Zappia/Pulsar Imagens: pp. 118-119

Ernesto Reghran/Pulsar Imagens: pp. 103, 138-139, 146-147, 192

Evandro Chiodetta/Acervo Coopertradição: pp. 196-197, 198-199

Jeferson Cruz dos Anjos/Acervo Biolabore: p. 34

Museu de Palmeira: pp. 74-75, 98

Museu Histórico de Witmarsum: p. 76

Museu Histórico Entre Rios: pp. 73, 74

Patricia Aparecida C. Batista/Acervo Fundação ABC: p. 178

Rochdale Pioneers Museum/ACI: pp. 14-15, 16, 17

Sergio Ranalli/Pulsar Imagens: pp. 152-153, 154, 161

Sicredi: pp. 19, 20-21

Zig Koch: capa, pp. 2, 37, 38-39, 52-53, 54-55, 59 (abaixo), 62-63, 64 (todas), 65 (abaixo), 66 (acima e abaixo à esquerda), 78, 79 (ambas), 80-81, 82, 88-89, 91, 92, 93, 99, 101, 105, 106-107, 108-109, 113, 116-117, 162-163

Dados Internacionais de Catalogação na Publicação (CIP)
(Câmara Brasileira do Livro, SP, Brasil)

Cavechini, Benê
Paraná cooperativo : modelo econômico e social / Benê Cavechini. - São Paulo : Metalivros, 2021.

ISBN 978-85-8220-032-2

1. Cooperativas - Paraná 2. Sindicato e Organização das Cooperativas do Estado do Paraná (Ocepar) - História I. Título.

21-69341 CDD-334.98162

Índices para catálogo sistemático:
1. Ocepar : Sindicato e Organização das Cooperativas do Estado do Paraná : História 334.98162

Cibele Maria Dias - Bibliotecária - CRB-8/9427

Esta publicação foi realizada pela Metalivros,
marca editorial da Metavídeo SP Produção e Comunicação Ltda.
R. Prof. Laerte Ramos de Carvalho, 147/entrada 133
CEP 01325-030 Telefone: +55 11 3672-0355
metalivros@metalivros.com.br
www.metalivros.com.br

Imagem da Capa
Araucárias ao anoitecer em Piraquara